QUE SAIS-JE ?

Le Front populaire 1934-1938

JEAN VIGREUX

puf

BIBLIOGRAPHIE THÉMATIQUE
« QUE SAIS-JE ? »

Jean-Jacques Becker, *La France de 1914 à 1940*, n° 3750
Bernard Gazier, *La crise de 1929*, n° 2126
Pierre Vilar, *La guerre d'Espagne*, n° 2338
Henry Rousso, *Le régime de Vichy*, n° 1720
Pascal Ory, *L'histoire culturelle*, n° 3713

REMERCIEMENTS

Je tiens à remercier vivement Salima Benichou, Johann Chapoutot, Julie Gazier, Marc Perrenoud et Xavier Vigna pour leurs conseils avisés et précieux.

ISBN 978-2-13-058848-1
ISSN 0768-0066

Dépôt légal 1re édition : 2011, octobre
3e tirage : 2017, mai

INTRODUCTION

> « Je n'envisage pas un instant la possibilité d'un échec. Si je parle d'échec, et si j'en émets l'hypothèse, ce n'est que pour donner à ma pensée une expression logique et complète. Mais s'il se trouvait que nous échouions, s'il se trouvait que des résistances insurmontables nous obligent à constater qu'il est impossible d'amender du dedans la société actuelle, s'il est impossible d'exécuter, dès à présent, cette venue du salut nécessaire, pour la nation tout entière, je serais, moi, alors, le premier à venir vous le dire. »
>
> Léon Blum,
> Discours au congrès de la SFIO, 31 mai 1936.

> « Le cabinet juif est fait. On peut dire : – il n'y a plus de débat sur la question sociale entre Français... Le cabinet Blum pose la question nationale. C'est le débat entre nationaux et antinationaux »
>
> Charles Maurras,
> *L'Action française*, 5 juin 1936.

Le Front populaire fait partie des moments fondateurs de l'histoire contemporaine de la France. Événement mythique, inscrit au Panthéon des gauches, le Front populaire est une étape historique qui participe aux changements de la société française ; ayant suscité des espoirs ou des désenchantements, mais aussi des peurs et une aversion, ses traces restent profondes au sein de la culture nationale.

Au-delà des légendes ou des mythes, il demeure important de comprendre les enjeux de l'époque, les tensions à l'œuvre au cours de la période 1934-1938 ; une période brève et qui a changé profondément la société. L'enchaînement des manifestations, l'émergence de nouvelles pratiques politiques et culturelles permettent de mieux saisir l'expérience du Front populaire. Ces dimensions multiples invitent également à penser l'événement dans un jeu d'échelles, où les logiques internationales rencontrent les logiques nationales, voire locales, de l'usine ou du village.

Le Front populaire s'inscrit alors dans différents territoires, tout en cumulant trois dynamiques : un mouvement social, une séquence politique et un foisonnement culturel sans précédent. De la lutte contre la crise économique et sociale à l'antifascisme, il propose une alternative aux politiques menées depuis la fin des années 1920, pour défendre et renforcer la République. La crise économique et sociale, liée au krach boursier de New York en 1929, touche tardivement la France, mais dure plus longtemps, soulignant ainsi une certaine singularité ou exception française (Jacques Marseille). Elle est également à l'origine d'une remise en cause du modèle républicain ; l'impuissance des politiques traditionnelles conduit au doute, à un traumatisme profond et à une critique radicale de la démocratie libérale par des mouvements de troisième voie (fascisme et communisme) qui caractérisent l'« ère des masses » (Eric J. Hobsbawm). Les premiers pas d'une contestation sont nombreux et polymorphes ; les agrariens, la ligue des contribuables, puis les chômeurs et enfin les ouvriers protestent contre les politiques menées et contre la dégradation de leurs conditions de vie.

Si Georges Lefranc, qui fut le premier auteur à proposer une synthèse dans cette collection[1], avait souligné à juste titre « un grand ébranlement, une immense espérance et un élan brisé », pour caractériser cette séquence historique particulière, l'historiographie très riche sur le Front populaire[2] a bénéficié d'un renouvellement important

1. *Le Front populaire*, Paris, PUF, coll. « Que sais-je ? », 1965.

2. Gilles Morin et Gilles Richard (dir.), *Les Deux France du Front populaire*, Paris, L'Harmattan, 2008 et Xavier Vigna, Jean Vigreux, et Serge Wolikow (dir.), *Le Pain, la paix, la liberté. Expériences et territoires du Front populaire*, Paris, La Dispute-Éditions sociales, 2006.

ces dernières années. Après avoir porté leur regard sur les organisations, les élections, le gouvernement, les historiens ont essayé de comprendre les logiques sociales, puis culturelles à l'œuvre ; chaque anniversaire de 1936 participant d'ailleurs à un foisonnement éditorial, et cette synthèse n'échappe pas à la règle, puisque nous célébrons en 2011, sans doute de manière plus discrète qu'auparavant, le 75e anniversaire du Front populaire.

Grâce à l'ouverture d'archives nouvelles – en particulier celles de Moscou ou encore celles des banques suisses –, on peut revisiter cette période fondatrice, tout en l'inscrivant dans une séquence historique plus longue, puisqu'elle reste une matrice de la Résistance, du Conseil national de la résistance et de la libération. L'apport des archives de Moscou est fondamental. L'historien dispose des archives du Komintern (Internationale communiste ou IC), permettant de saisir au mieux le tournant opéré par le monde communiste après l'arrivée d'Hitler au pouvoir, consacrant la ligne antifasciste à son VIIe congrès en juillet 1935, où le PCF a joué un rôle d'exemple à suivre.

Mais, l'apport de ces archives réside surtout dans la restitution de fonds de surveillance de police ou d'organismes qui avaient été spoliés[1] par l'Occupant allemand entre 1940 et 1944, avec la bénédiction du régime de Vichy. Ces archives récupérées par les Soviétiques en 1945 n'ont été rendues à la France qu'au milieu des années 1990, après l'effondrement de l'URSS. Ainsi, les historiens ont accès entre autres aux archives de Léon Blum (sa correspondance et ses comptes privés)[2], à celles de la SFIO, de la CGT, de la LDH et de la LICA, etc., mais aussi celles de Cécile Brunschwicg, d'Yvon Delbos, de Jules Moch... Tout un pan de cette histoire particulière de l'entre-deux-guerres peut être revisité, ouvrant de nouveaux champs d'exploration.

1. Sophie Cœuré, *La Mémoire spoliée. Les archives des Français, butin de guerre nazi et soviétique (1940 à nos jours)*, Paris, Payot, 2007.
2. Serge Berstein, *Léon Blum*, Paris, Fayard, 2006.

Le Front populaire peut alors être envisagé sous l'angle d'une alliance politique, d'un mouvement social, d'une expérience gouvernementale originale, sans négliger les résistances ou les oppositions rencontrées. Cette séquence peut être scrutée pour comprendre les réalisations du Front populaire, les déchirements à l'œuvre, sans pour autant négliger le temps long ; loin d'être une parenthèse, cette expérience gouvernementale, mais aussi de mobilisation de la société, apparaît comme une expérience fondatrice essentielle pour comprendre l'histoire sociale et politique de la France contemporaine et présente…

Chapitre I

DES PREMIÈRES MOBILISATIONS AU RASSEMBLEMENT POPULAIRE (1934-1935)

Le choc cumulé des événements de l'année 1933 et du 6 février 1934 ravive, au sein du camp républicain de gauche, les lointains souvenirs de la République en danger. Un front unique antifasciste émerge. Dans un premier temps, le PCF et la CGTU organisent une manifestation le 9 février qui est interdite et durement réprimée (six militants communistes sont tués). À cette manifestation, les rangs communistes ont vu l'arrivée de militants socialistes : on en appelle alors au « front unique à la base ». La SFIO et la CGT, de leur côté, décident de manifester le 12 en province et à Paris, cours de Vincennes. En province, on dénombre plus de 250 000 manifestants au sein de 85 départements. Le rôle moteur de la CGT est essentiel. À Paris, le PCF et la CGTU se joignent au cortège des réformistes, encore dénoncés comme sociaux-traîtres. Toutefois, en fin de manifestation, au moment de la dispersion, des militants des deux cortèges se rejoignent aux cris de « Unité ! Unité ! ». Certes, les directions des deux organisations de gauche campent sur leur méfiance réciproque, mais l'élan est donné.

I. – L'onde de choc de l'arrivée d'Hitler au pouvoir et du 6 février 1934

L'arrivée légale au pouvoir d'Hitler, en janvier 1933, bouleverse la donne diplomatique et a des effets importants sur la vie politique en France et sur la société

(« Hitler vu de France »). D'aucuns sont fascinés par le « sauveur », véritable rempart face au péril rouge, d'autres considèrent qu'il faut savoir composer avec le représentant légal de l'Allemagne, enfin les antifascistes redoublent d'activité au fur et à mesure qu'arrivent les réfugiés, et ce, dès 1933, où de nombreux intellectuels pourchassés par les nazis trouvent refuge dans le « pays des Droits de l'homme ».

À droite, de nombreux articles et ouvrages vantent l'expérience de régénération de l'Allemagne ; ce mouvement s'inscrivant dans la durée et nourrissant également l'attrait des ligues. Certains auteurs, comme Louis Bertrand, vont plus loin, et il écrira en 1936, dans sa biographie d'Hitler publiée chez Fayard, « il nous faut un gouvernement national et non une délégation de l'étranger. Il faut que la France soit résolument la France et non une pétaudière radicale-socialiste ou une chiourme maçonno-bolcheviste ».

Ce moment constitue un référentiel pour de nombreux adversaires de la République ; l'antiparlementarisme ressurgit au sein de ligues ou des formations d'« extrême droite ». Ces organisations, d'inégale importance, sont le plus souvent dirigées par un chef, un guide… La recherche de l'homme providentiel et du sauveur est une quête politique ancienne au sein de la République, et la Grande Guerre a créé le mythe du chef qui rassemble toutes les classes sociales, garant de l'ordre. Cet esprit ancien combattant – qui résiste majoritairement en France aux sirènes fascistes (Antoine Prost), contrairement aux pays vaincus (George Lachmann Mosse) – est à l'origine de la création de groupes paramilitaires qui s'inspirent du modèle italien. Longtemps, le débat historiographique en France a été clivé en deux camps bien distincts : les uns estimant que le fascisme est étranger à la culture politique des droites (la thèse de l'immunité initiée par René Rémond), les autres que l'idéologie, les organisations et les pratiques fascistes ont irrigué les droites françaises (Robert Soucy). Sans trancher sur une question qui reste en débat, il faut bien admettre que certaines ligues (comme les *Francistes* de Bucard), financées par le Duce, ont joué la carte du fascisme en allant à Montreux au congrès international organisé en décembre 1934 par les Comitati d'Azione par l'Universalità di Roma (Comités d'action pour l'universalité de Rome). Robert O. Paxton évoque même pour les Chemises vertes de Dorgères, « un fascisme rural », ce que confirment les archives du dirigeant paysan[1]. C'est le « champ magnétique du fascisme » qui est à l'œuvre (Philippe Burrin).

Ainsi, une partie des ligues s'empare de la rue et de la colère, en véhiculant un discours xénophobe, antisémite et antiparlementaire. Cette nébuleuse des ligues, qui oscillent entre un culte bonapartiste, un boulangisme musclé ou encore un fascisme affirmé, participe à la radicalisation de la vie politique qui oppose alors deux France.

La riposte de la gauche peine à s'affirmer ; les divisions entre radicaux, socialistes et communistes sont trop fortes. Le PCF, suivant les directives de l'IC, est quelque peu dérouté par l'arrivée d'Hitler au pouvoir. Cela contredit avec force les thèses qui vantaient le Parti communiste allemand dans cette troisième période de « classe contre classe ». *L'Humanité* titre le 31 janvier 1933 « Hitler ? L'enfant du "moindre mal" cher à MM. Blum, Frossard et Cie ». Le trouble vient aussi du centre moscovite, puisque dans une déclaration du 1er avril 1933, le Présidium de l'IC rend la social-démocratie responsable de l'accession d'Hitler au pouvoir !

Entre février et mars 1933, néanmoins, plusieurs initiatives de rapprochement ont lieu. L'Internationale ouvrière socialiste (IOS) s'adresse à l'IC le 19 février. Mais l'IC refuse de répondre et de sceller une alliance au sommet, ce qui annihilerait toute la ligne défendue depuis 1928. Toutefois, elle propose des actions par le bas, prônant un front unique à la base. Le PCF s'adresse alors, le 6 mars

1. Archives municipales de Rennes, Fonds 2 Z Dorgères (comité de défense paysanne 1927-1940).

1933, à la SFIO pour lui proposer une rencontre en vue d'organiser des actions communes. L'IC met un terme à toutes ses prises de contact par sa déclaration du 1er avril, réaffirmant le caractère imminent de la Révolution qui renversera conjointement le fascisme et le capitalisme. *L'Humanité* publie ce texte, quelques jours après, ce qui souligne certaines réticences, mais montre l'alignement total sur Moscou[1].

Si le PC est pris dans le sectarisme de la période « classe contre classe », il n'a pas tenté en France un rapprochement risqué avec l'extrême droite, comme son homologue en Allemagne, le KPD, qui avait mené des grèves et manifestations communes avec les nazis. La culture républicaine était-elle trop forte au sein de l'électorat communiste, voire de la base du parti ? Cela se voit bien aux élections de 1932 ; le Parti atteint son étiage (avec dix députés), mais son électorat se reporte assez bien sur les candidats de gauche, ce qui amène un nouveau Cartel au pouvoir.

Le PC est d'ailleurs mis en accusation fin 1933 devant les instances de l'IC qui critiquent les erreurs opportunistes de sa direction[2]. La donne change avec les événements du 6 février 1934.

L'agitation ligueuse connaît un sommet au début de l'année. Elle est à replacer dans un contexte général d'antiparlementarisme, alimenté par un scandale politico-financier : l'affaire Stavisky. Ce n'est pas le premier scandale de la IIIe République, loin s'en faut. Dans l'entre-deux-guerres, l'affaire Marthe Hanan (1928), l'affaire de l'aéropostale (1930) et l'affaire Oustric (1931) ont déchaîné les passions. Mais dans ce contexte de crise exacerbée, l'affaire Stavisky est à l'origine d'événements sans précédent.

1. RGASPI 495/4/240, télégramme du 9 avril 1933, n° 1752-15.

2. RGASPI 495/4/271, télégramme du CEIC (27 novembre 1933), confirmé au 13e plenum de l'IC ; Serge Wolikow, *L'Internationale communiste (1919-1943). Le Komintern ou le rêve déchu du parti mondial de la Révolution*, Paris, Les Éditions de l'Atelier, 2010, p. 84.

Le 24 décembre 1933, le directeur du crédit municipal de Bayonne est arrêté à la suite d'un contrôle du ministère des Finances. Il est accusé d'avoir émis des faux bons de caisse et d'avoir détourné des deniers publics. Au cours de l'instruction du procès, il met en cause le député maire de Bayonne qui, à son tour, est arrêté. L'enquête fait clairement apparaître le rôle trouble d'un juif russe naturalisé français en 1910, Serge Alexandre Stavisky. Escroc notoire, il a déjà été condamné. Le scandale prend un tour politique dramatique pour plusieurs raisons : les appuis de Stavisky sont nombreux et proches du pouvoir (le sénateur radical Renoult a été son conseiller juridique ; le ministre des Colonies, Dalimier, est intervenu en 1930 par une circulaire officielle auprès des compagnies d'assurances pour souscrire aux bons du crédit municipal de Bayonne). La presse radicale *(La Volonté)* a fait leur promotion tandis que le parquet de Paris a reporté plusieurs fois le procès de Stavisky. Or, ce parquet est dirigé par le beau-frère de Camille Chautemps, président du Conseil... Enfin, le 8 janvier 1934, Stavisky, recherché par la police, a été retrouvé « suicidé » dans un chalet de Chamonix, selon la thèse officielle.

L'extrême droite s'empare alors de l'affaire. Elle mène une campagne acharnée contre le Gouvernement qu'elle accuse d'être corrompu. Le 10 janvier 1934, Léon Daudet publie dans *L'Action française* un article intitulé « Camille Chautemps, chef d'une bande de voleurs et d'assassins ». L'antisémitisme se déchaîne autour de la personnalité de Stavisky. Chautemps démissionne le 28 janvier, son ministère a duré deux mois.

Le président de la République, Albert Lebrun, après avoir contacté Doumergue qui refuse, propose le poste de président du Conseil à Édouard Daladier. Le 30 janvier, celui-ci constitue un gouvernement radical élargi au centre. Le 3 février, Daladier limoge le préfet de police de Paris, Jean Chiappe, trop proche des ligues. En fait, le Gouvernement lui propose une promotion comme résident général au Maroc, mais Chiappe refuse. Ce renvoi est à l'origine de la démission des ministres du centre et surtout de la colère des ligues qui appellent à manifester le 6 février, date à laquelle Daladier doit se présenter à la Chambre.

La manifestation se déroule dans un climat de violence extrême (verbale et physique). Les ligueurs tentent de marcher en direction du palais Bourbon, symbole même du pouvoir parlementaire. Les forces de police empêchent les manifestants d'atteindre ce haut lieu de la République en tenant le pont de la Concorde. Des coups de feu sont tirés, et des affrontements ont lieu toute la nuit. Le lendemain, on relève 15 morts, dont 14 manifestants, 328 blessés dont 236 manifestants.

Chaque camp interprète alors de manière radicalement opposée les événements tragiques. Pour la droite et l'extrême droite, il s'agit d'une manifestation légitime qui a été violemment réprimée par un pouvoir corrompu aux abois. Pour la gauche, il s'agit d'un coup de force fasciste, rappelant la marche sur Rome ou les manifestations de rue des nazis.

Avec le recul historique, il ne s'agit pas d'un coup de force fasciste, mais bel et bien d'une tentative de la part de quelques ligues de créer le désordre, le chaos. Daladier, qui souhaitait réagir fermement, n'est pas suivi et démissionne le 7 février. Gaston Doumergue forme alors un gouvernement d'union nationale. Mais cet événement est le catalyseur du rapprochement des gauches, qui interprètent l'événement comme une agression contre le régime républicain ; la République est en danger. Il faut organiser l'élan salvateur et renouer avec la matrice commune née de 1789. Alors qu'à l'extrême droite, on pavoise ; Drieu la Rochelle écrira à propos du 6 février : « La France recevait enfin la pesée de toute l'Europe, du monde entier en mouvement. »[1]

1. *Gilles*, Gallimard, 1939, p. 418.

II. – Un rapprochement par étapes, un mouvement cumulatif et fédérateur

La riposte au coup de force connaît un élan dans tout le pays qui est renforcé par l'engagement des intellectuels. Là aussi, les clivages sont importants ; différentes plumes sont fascinées par le fascisme, mais d'autres intellectuels ont un rôle moteur dans la mobilisation antifasciste. Le 5 mars 1934, le philosophe Alain, l'ethnologue Paul Rivet et le physicien Paul Langevin, respectivement proches du parti radical, de la SFIO et du PCF, lancent le Comité de vigilance des intellectuels antifascistes (CVIA). Précurseur du mouvement, un jeune auditeur à la Cour des comptes, François Walter (*alias* Pierre Gérôme) s'appuie sur le Syndicat national des instituteurs, en particulier auprès de ses dirigeants André Delmas et Georges Lapierre, qu'il rencontre au lendemain même de la manifestation du 6 février. Tous trois décident de mettre sur pied un « groupement d'intellectuels ouvert à tous ceux qui voudraient lutter pour la défense des libertés », précisant leur démarche unitaire sans aucune exclusive. Les jours suivants, ils proposent à Paul Rivet, Paul Langevin et Alain de prendre la tête du mouvement.

Ils organisent la défense de la République, en magnifiant le modèle politique né de la Déclaration des droits de l'homme et du citoyen. S'appuyant sur la culture républicaine véhiculée par les instituteurs, ils sont alors en phase avec le peuple de France, récoltant ainsi le fruit de « l'école politisante » (Jean-François Chanet) et réalisant le lien entre Paris et la province, entre le sommet et la base. C'est sans doute là une des clefs de compréhension du Front populaire qui a su mobiliser et jouer sur un jeu d'échelles sans précédent, inscrivant cette lutte de type nouveau dans des dynamiques multiples et entrecroisées, du village à la nation et de la nation aux enjeux internationaux.

Mettant toute leur notoriété dans ce combat, ils renouent avec les pratiques nées au moment de l'affaire

Dreyfus. Leur but est clair ; il faut « se placer au service de la classe ouvrière ». En animant des conférences, des débats, en publiant des articles, des brochures et des pétitions, ils mettent leurs talents au service de la défense de la République. Très vite, le CVIA revendique plus de 2 000 adhésions d'universitaires, d'écrivains, de journalistes (Nicole Racine), puis 6 000 à la fin de l'année 1934.

Les intellectuels ont alors constitué un laboratoire de mobilisation antifasciste, à côté des organisations traditionnelles d'encadrement des masses (partis, syndicats et associations), mais aussi et surtout, une véritable passerelle entre ces organisations. Les comités locaux du CVIA ont impulsé une dynamique de rapprochement, un front populaire à la base, tout en diffusant, *via* les brochures et leur bulletin *Vigilance*, une culture unitaire de l'antifascisme.

L'impulsion du mouvement rencontre d'autres formes de mobilisation à l'échelle locale, le « printemps des comités (février-juin 1934) » selon la belle formule de Gilles Vergnon[1]. Dans la grande majorité des cas, une manifestation de « défense républicaine » précède la naissance du comité. Ainsi, on recense plus de 450 manifestations dans plus de 350 localités du 7 au 12 février 1934. Dès lors, l'élan ne vient pas seulement de la riposte parisienne (des 9 et 12 février), mais bien d'une dynamique province/Paris qui souligne avec force la peur que suscite l'action des ligues qui est rapprochée des manifestations de rue des fascistes, des nationaux-socialistes… C'est sur ce terreau que naissent petit à petit les formes du rassemblement en relayant les actions de la LDH (Ligue des droits de l'homme), de la LICA (Ligue internationale contre l'antisémitisme), mais aussi des comités de chômeurs, donnant un « second souffle » (Frédéric Monier) aux mobilisations du début des années 1930. Victor Basch,

1. Gilles Vergnon, « Processus de politisation et mobilisations politiques », *in* Xavier Vigna et *alii* (dir.), *op. cit.*, p. 31.

à la tête de la LDH, impulse le Rassemblement populaire, jetant toutes les forces de la ligue dans l'antifascisme, son siège national rue Jean-Dolent devenant un lieu de rencontre, de débats, mais aussi d'organisation (Emmanuel Naquet).

L'antifascisme prend alors un contour particulier ; il s'agit de dénoncer la violence des ligues, leur antiparlementarisme. La lutte contre le fascisme – assimilé à toutes les formes de la réaction, voire le « dernier avatar en date du "Blanc" éternel » (Gilles Vergnon) – caractérise un mouvement de sensibilité jauressienne, mêlant République et socialisme. Il semble ainsi artificiel de séparer ce mouvement des logiques politiques ; certes, les partis ne sont pas en pointe dans les origines du rassemblement et préfèrent affirmer leurs différences, mais ils ne sont pas absents totalement, permettant à leurs adhérents de participer aux différents comités. Le PCF, marqué encore par son sectarisme, permet cependant à André Wurmser d'être membre de la direction du CVIA, même si son appartenance au parti reste secrète (Frédéric Monier). Il faut savoir composer entre la dynamique antifasciste et le contrôle de Moscou. Dans les meetings locaux, au cœur des manifestations, on retrouve côte à côte des députés et/ou dirigeants des organisations politiques, invités par les comités ou la LDH à prendre la parole ; ainsi, à Orléans, le 11 février 1934, Jean Zay participe au cortège de la manifestation organisée par la CGT aux côtés de militants de la SFIO et du PCF. Comme l'a souligné François Marlin, à Montargis, la LDH « organisa le 4 mars un meeting contre le fascisme : s'y exprimèrent à une même tribune, devant plus de 4 000 auditeurs, les députés radicaux du Loiret, les responsables locaux de la SFIO et du PC », mais également Georges Marrane, maire communiste d'Ivry-sur-Seine… À Morlaix, le 15 avril, sur la même tribune, on peut entendre les députés de la Seine Robert Jardel (SFIO) et Jean-Marie Clamamus (PCF). Répétés à l'envi, ces exemples locaux soulignent combien l'union se fait à la base. Même si les discours peuvent souligner des clivages, la dynamique impulsée par le local témoigne du traumatisme causé par les émeutes du 6 février.

On peut également repérer ce changement par les effets induits d'une multitude d'événements locaux, liés au contexte de crise sociale et de mobilisation antifasciste. C'est le cas de l'affaire de Tréglamus, le 25 mai 1934, dans les Côtes-du-Nord. Plus de 300 paysans se sont rassemblés à l'appel de la CGPT pour éviter une saisie d'une ferme, mais ils n'arrivent pas à empêcher l'expropriation qui « s'est faite avec la complicité du cheptel capitaliste. Les représentants de l'ordre furent d'une brutalité odieuse. La mère, les gosses furent traînés par ces braves. (...) Plutôt la mort que l'expropriation du bien de nos camarades. Tous debout en un seul bloc ! »[1].

Cette affaire aurait pu rester un épisode tragique au village, mais elle a connu un très grand écho, grâce à la tournée dans la région, entre le 30 mai et le 4 juin 1934, de Waldeck Rochet, nouveau responsable de la section agraire du PCF. Il vient de remplacer Renaud Jean et s'empare de cet événement. La presse communiste nationale édite plusieurs papiers sur le sujet. L'affaire de Tréglamus devient le symbole d'une lutte héroïque, tragique, mais débouche sur de nouvelles solidarités. Au même moment, la Confédération nationale paysanne (CNP), proche de la SFIO, rejoint la Confédération générale des paysans travailleurs (CGPT), proche du PCF, pour défendre les paysans victimes de la crise, mais aussi pour lutter contre Dorgères qui a mis sur pied le Front paysan et un service d'ordre musclé les Chemises vertes, s'inspirant du *Bauernbund* de Joseph Bilger en Alsace.

Dorgères pratique aussi la lutte contre les ventes-saisies en Bretagne (David Bensoussan), puis étend son mouvement au reste du pays, *via* les comités de défense paysanne. Ayant commencé par refuser l'impôt, ce

1. AD Côtes-d'Armor, 1 M 359. Rapport du sous-préfet de Guingamp (30 mai 1934).

mouvement se radicalise, poussant à la désobéissance civile de la paysannerie. Il s'agit d'encadrer les paysans, de lutter contre l'État, mais surtout de dénoncer une République aux abois. Les opérations coup de poing, les grands meetings organisés par Dorgères et ses troupes fondent une culture de défense paysanne qui tente de revivifier le mythe de la communauté paysanne.

Toutefois, il essaie de se rapprocher du PAPF et envisage de « faire monter à Paris » de futurs députés paysans. Cette quête électoraliste souligne les paradoxes d'un mouvement qui, à la fois, veut bousculer l'ordre établi, mais qui doit composer avec les notables traditionnels. Il n'arrivera pas à surmonter cette contradiction entre un attrait vers le fascisme (Robert O. Paxton) et un mouvement agrarien classique (Pierre Barral).

Les tâtonnements des organisations politiques de gauche caractérisent aussi les enjeux du moment. Il est toujours difficile d'opérer un tournant à 180°… Toutefois, après la journée d'émeute des ligues d'extrême droite, se pose le problème de l'union des forces de gauche. Quelques dirigeants communistes interprètent dans un sens nouveau les principes du front unique prônés par le Komintern, d'autant qu'à Moscou, au XVIIe congrès du PCUS en janvier 1934, la politique stalinienne a évoqué des rapprochements possibles contre le fascisme. Renaud Jean, la figure paysanne du PCF, député de Marmande, responsable de la section agraire du parti et directeur de l'organe *La Voix paysanne*, Guy Jerram responsable de l'ARAC (Association républicaine des anciens combattants), dirigeant du Comité national de lutte contre la guerre et le fascisme et du comité Amsterdam-Pleyel, et surtout le dirigeant, Jacques Doriot, député-maire de Saint-Denis, manifestent aux côtés des militants socialistes. Doriot prend appui sur les aspirations unitaires et profite des erreurs d'analyse du 13e Plénum de l'IC pour défendre l'unité avec les socialistes. Il se rend même à Moscou pour défendre sa thèse. Pourtant, la ligne politique du PCF n'a pas changé ; le parti sous contrôle de

Moscou maintient intégralement son analyse du « social-fascisme ». Même après les manifestations antifascistes, en particulier celle du 9 février, les rapports entre les deux partis issus du congrès de Tours restent tendus. Après les obsèques des victimes communistes, Paul Vaillant-Couturier écrit « Nous n'oublions pas que nos camarades ont été tués par des balles payées sur des crédits votés par les élus socialistes » (*L'Humanité*, 18 février 1934).

Les deux positions – alliance sans condition avec les socialistes et application du front unique à la base – ne peuvent plus être maintenues. Le PCF adopte, dans un premier temps, une tactique d'isolement de Doriot et de ses proches. Il faut « à l'égard de Doriot, procéder par étapes successives, c'est-à-dire, selon l'expression de Manouilsky, manœuvrer, isoler, liquider »[1]. Après avoir réuni une conférence du rayon de Saint-Denis qui approuve la politique menée par Doriot, le PCF réagit lors du Comité central des 14 et 15 mars 1934. À cette réunion, Marcel Gitton, secrétaire à l'organisation du parti, condamne la ligne de Doriot. Dès lors, la reprise en main du parti ayant eu lieu, le PCF s'engage progressivement vers l'unité. Jacques Doriot persiste et le 9 avril 1934, il cosigne avec Jerram une lettre à l'IC. Doriot est alors convoqué par l'IC à Moscou avec Thorez. Refusant de se rendre à Moscou, puisqu'il était candidat lors d'élections municipales partielles à Saint-Denis, où il obtint un grand succès (75,9 % des exprimés et 57,6 % des inscrits), il est à nouveau convoqué par un télégramme du comité exécutif de l'IC (CEIC), le 10 mai. Là encore, il refuse. Lors de la réunion du Présidium qui se tient le 16 mai 1934, Doriot est au centre des discussions qui entérinent la nouvelle ligne du PCF, Thorez devant prendre contact avec le Parti socialiste pour mener des actions communes antifascistes. Dès lors, le PCF, sous l'égide de Maurice Thorez, aidé activement par Eugen Fried, émissaire politique du

1. Jean-Paul Brunet, *Doriot*, Paris, Balland, 1986, p. 154.

Komintern à Paris, engage son parti sur la voie de l'unité. Il ne faut jamais avoir raison trop tôt et surtout contre la direction du parti… et Doriot est exclu le 29 juin 1934.

Longtemps, les historiens ne disposaient que des sources publiées (*L'Humanité* ou *Les Cahiers du bolchevisme*) pour scruter de près ce changement de ligne politique. Denis Peschanski, en étudiant la stratégie lexicale du PCF se dégageant des 326 éditoriaux de *L'Humanité* publiés entre janvier 1934 et août 1936[1], a montré, dans un premier temps, qu'entre mai et juin 1934 les mots ont changé : les socialistes redevenant fréquentables, on prône alors l'union au sommet pour la lutte antifasciste.

Le déblocage est donc venu de Moscou avec le nouveau dirigeant, de l'IC, Georges Dimitrov, depuis avril 1934. Ce communiste bulgare, responsable des PC d'Europe occidentale avait été accusé par les nazis d'être commanditaire de l'incendie du Reichstag, le 27 février 1933. Arrêté en Allemagne, puis jugé, il est sorti triomphalement de son procès et se retrouve propulsé au sommet de l'IC. Il infléchit alors la ligne politique en mettant l'accent « sur la nécessité de la lutte antifasciste et l'acceptation de la défense démocratique, la perspective révolutionnaire étant repoussée à plus tard » (Serge Wolikow). Dès le 14 mai 1934, Dimitrov propose son ordre du jour du futur VIIe congrès de l'IC. C'est dans cette optique que le PCF met en œuvre le rapprochement, même si Staline semble très mécontent de la tournure des événements[2]. Dans ce contexte particulier, les dirigeants communistes proposent au parti socialiste des actions de solidarité en faveur des victimes du nazisme, puis une action commune pour la défense des libertés démocratiques contre le fascisme.

1. Denis Peschanski, *Et pourtant ils tournent...*, Paris, Klincksiek, 1988.

2. Journal intime de Dimitrov, 20 mai 1934 : « conversation avec Staline concernant la question française (très mécontent !) – en France – un front uni fait depuis le sommet… »

Ils rencontrent alors l'appui de la gauche de la SFIO, puis de l'ensemble du parti. La SFIO avait à plusieurs reprises tendu la main aux communistes ; le 13 février 1933, Jean Zyromski proposait la fusion des deux internationales ouvrières (IOS et IC), puis après les événements du 6 février 1934, la fédération de la Seine de la SFIO a envoyé une lettre à toutes les organisations antifascistes pour créer un comité de liaison ; à chaque fois, les socialistes ont essuyé un refus du PCF.

La SFIO doit aussi composer avec ses propres contradictions. Elle se remet peu à peu de la crise qu'elle a connue en 1933 par la scission des « néosocialistes » de Marcel Déat, regroupés sous le slogan « ordre, autorité, nation », proposant d'abandonner les références à Marx et de construire le socialisme, en l'enfermant dans le cadre national. Léon Blum, fidèle à l'internationalisme, leur répond au XXXe Congrès de la SFIO en juillet 1933 : « il y a un moment où je me suis demandé si ce n'était pas le programme d'un parti national-social de dictature (...) je vous dirai simplement que la propagande socialiste n'est pas une propagande d'autorité, qu'elle n'est même pas une propagande d'ordre au sens où vous l'entendez, mais qu'elle une propagande de liberté et une propagande de justice ». Les néosocialistes sont exclus en novembre 1933 et la SFIO réintègre les militants de sa gauche, de l'Action socialiste, qui participaient au comité Amsterdam-Pleyel. Dans ce tâtonnement, après le 6 février 1934, on voit poindre plusieurs options ; celle de la gauche du parti qui souhaite une alliance de type front unique, mais qui reste ultraminoritaire ; celle que prône Blum, dès le 8 février 1934, de défense de la République et du gouvernement Daladier ; celle de Paul Faure, secrétaire du parti, qui a pour premier « souci de ne pas aliéner l'autonomie socialiste face aux communistes » (Thierry Hohl). Toutefois, la SFIO, dès les lendemains du 6 février, condamne le coup de force fasciste et en appelle à la riposte ; la circulaire n° 196 du 9 février 1934, adressée à tous les secrétaires fédéraux du parti, stipule qu'il faut participer en masse aux manifestations du 12 février et qu'il faut créer des comités de vigilance.

Au XXXIe Congrès du parti, à Toulouse, en mai 1934, la SFIO confirme sa ligne antifasciste, mais la direction de Paul Faure s'oppose aux modalités offertes par la gauche du parti, la Bataille socialiste. Entre-temps, Léon Trotsky demande par courrier, en date du 16 juin, aux bolcheviks-léninistes de France de rejoindre la SFIO.

Fin juin, lors de la conférence nationale du PC à Ivry, Thorez préconise une unité d'action avec la SFIO et propose qu'un dialogue s'engage entre les deux directions pour en évoquer les formes. La fédération de la Seine de la SFIO tient alors un meeting commun avec la fédération communiste le 2 juillet. C'est un succès. À la mi-juillet, le Conseil national de la SFIO « accepte l'offre d'action commune contre le fascisme et la guerre » (*Le Populaire*, 16 juillet 1934). Le pacte d'unité d'action est signé officiellement le 27 juillet 1934.

Cet accord réunit les deux branches principales du mouvement ouvrier, profitant de la dynamique lancée par les comités. Le 31 juillet, les deux partis peuvent commémorer ensemble le 20e anniversaire de l'assassinat de Jean Jaurès. Toutefois, les radicaux n'ont pas encore franchi le pas de l'unité.

Le parti radical, parti pivot de la vie politique nationale (Serge Berstein), connaît une tension importante. Daladier, victime du 6 février, incarne une ligne de défense républicaine, alors que la direction du parti apporte son soutien au gouvernement d'union nationale de Doumergue auquel participe Édouard Herriot, et, enfin, les « Jeunes Turcs » du parti (l'aile gauche) ne se satisfont pas de cette situation d'attentisme. L'une des figures de proue de la contestation, Gabriel Cudenet, entre en dissidence et quitte le parti en mai 1934, à l'issue du congrès de Clermont-Ferrand, fondant alors le « Parti radical-socialiste Camille Pelletan ».

Les retrouvailles entre les « frères ennemis » de la gauche ravivent pour un temps l'euphorie du parti de

Jaurès et aux élections cantonales de l'automne, on assiste à des désistements réciproques.

Quelques semaines plus tard, l'initiative vient encore du PCF. À l'automne 1934, des contacts sont pris avec Daladier qui souhaite que l'alliance s'élargisse pour favoriser « l'adhésion de tous : classe ouvrière et classes moyennes contre la montée du fascisme » (4 octobre). Le 9 octobre, à la veille du congrès du parti radical, les dirigeants communistes, Marcel Cachin, le directeur de *L'Humanité,* et Maurice Thorez, le secrétaire général, lancent le mot d'ordre de « front populaire pour le pain, la paix et la liberté », en s'adressant aux dirigeants radicaux pour qu'ils rejoignent l'alliance. La surprise est grande et à plusieurs niveaux ; tout d'abord, cet intérêt porté à un « parti bourgeois », qui incarne le modèle républicain, souligne bien l'enjeu du moment ; c'est la défense de la démocratie face au fascisme. Mais cet effet de surprise, qui touche autant les socialistes que les radicaux, se lit aussi à Moscou.

Au cours de ce moment intense de rapprochement, où le PCF intègre définitivement la République, les radicaux renouent avec un discours émancipateur, où l'on dénonce les « 200 familles » qui contrôlent le pays et qui en confisquent la richesse... Dès lors, ce rassemblement peut devenir une véritable alternance politique, d'autant que le gouvernement Doumergue tombe le 5 novembre 1934, remplacé par un gouvernement de droite dirigé par Pierre-Étienne Flandin. Si ce gouvernement est soutenu par les radicaux, Édouard Daladier montre de plus en plus son opposition à la ligne majoritaire de son parti et prend la tête de la gauche radicale, séduite par le Front populaire.

III. – 1935, récolter les fruits de l'union

Au cours de cette année 1935, plusieurs logiques sont à l'œuvre ; les enjeux internationaux avec le rapprochement franco-soviétique (signature du pacte Laval-Staline le 2 mai 1935), le congrès de l'IC au cours de l'été, mais aussi les menaces de guerre liées aux expéditions de Mussolini en Éthiopie concourent à la dynamique unitaire. Les enjeux nationaux prennent une autre dimension, avec les premiers scrutins électoraux, en particulier le test des municipales, le grand rassemblement du 14 juillet 1935 commémorant la prise de la Bastille et la défense de la République. Toutefois, ces dynamiques rencontrent aussi l'affirmation d'une tentation autoritaire, voire fasciste et l'affrontement, les rixes et la violence scandent les manifestations de rues…

L'une des premières manifestations du Front populaire au cours de cette année 1935, c'est la manifestation unitaire SFIO-PCF qui commémore à Paris les morts de février 1934 : « Peuple de Paris, (…) Place de la République salue ceux qui sont tombés pour barrer la route au fascisme ! » *(L'Humanité)*.

Le défilé est grandiose et les jours suivants, plusieurs meetings commémorent la riposte du 12 février 1934. Mais il s'agit aussi pour les syndicats de lutter contre la politique du Gouvernement. Ainsi, dans le monde rural, on mobilise contre la loi Flandin. Le Gouvernement avait décidé de faire distiller une partie des récoltes et de donner des primes d'arrachage pour lutter contre la surproduction de vin de faible qualité, afin d'éliminer « la piquette ». Or, il s'agissait de la production courante de nombreux paysans-viticulteurs, à consommation locale et parfois personnelle.

L'effervescence des mouvements sociaux trouve un débouché politique lors de la campagne électorale des municipales du printemps, mais aussi lors d'une élection législative partielle dans le Loir-et-Cher. À Blois, Camille Chautemps, ayant abandonné son siège de député pour entrer au sénat, une élection partielle est organisée en mars 1935. Henri d'Halluin, dit Dorgères, se présente soutenu par le PAPF. Il jette toutes ses forces dans la bataille et crée la surprise au 1er tour, arrivant en tête devant Émile Laurens, professeur au collège de Blois et candidat de Chautemps. Au second tour, une mobilisation antifasciste a lieu et Laurens est élu avec 8 628 suffrages contre 7 761 à Dorgères.

Lors de la consultation électorale des 5 et 12 mai 1935, l'inscription du Front populaire devient tangible. Robert Mencherini a souligné que la droite conservait la moitié des municipalités, mais de grandes villes sont gagnées par la SFIO (Marseille, Nantes, Dijon, Perpignan) et le PCF fortifie la « ceinture rouge » autour de Paris (26 mairies sur les 80 du département de la Seine) et double le nombre de municipalités qu'il dirige (passant de 150 municipalités communistes à 297). « Les municipalités communistes, explique Maurice Thorez, sont des points d'appui pour le mouvement ouvrier, ce sont des armes que les travailleurs ont le devoir d'utiliser contre l'ennemi. »

La pratique des désistements et des fusions de listes caractérise une bipolarisation de la vie politique, où le local rencontre le national. La droite modérée se maintient, le parti radical connaît une érosion et l'alliance SFIO-PCF est un triomphe. Paul Rivet, président du CVIA, l'emporte à Paris dans le Quartier latin face à un candidat de la droite modérée. Dans d'autres régions, comme en Bretagne, ou encore dans le Doubs, le scrutin souligne bien le rejet du Front populaire. Des radicaux ou modérés participent à « des comités anticollectivistes » et nombreux sont les papillons, comme ceux apposés à Lannion, où l'on dénonce les « buts du Front populaire : violer, tuer, incendier », réveillant ainsi les vieilles peurs des partageux, mais aussi des combats entre cléricaux et anticléricaux. Ainsi, cette campagne électorale inscrit non seulement le scrutin dans le cadre d'un enjeu antifasciste ou antifront populaire, mais dans des combats plus lointains de la IIIe République, rejouant des failles politiques anciennes qui ont participé à la politisation de la nation.

Si les intellectuels ont impulsé le mouvement en 1934, le Congrès international des écrivains pour la défense de la culture, qui se tient à Paris du 21 au 25 juin 1935, renforce l'alliance « durable, face au danger nazi, entre les intellectuels de gauche des pays occidentaux, attachés aux idéaux de liberté et de progrès, et le monde communiste représenté par l'URSS, alliance impliquant plus largement une prise en charge par le communisme de l'idéal humaniste de la culture universelle »[1]. Dans la salle de la Mutualité à Paris, le public peut entendre les plus grandes plumes internationales du moment ; parmi les 230 participants venus de plus de 30 pays, notons entre autres les présences d'Aragon, Barbusse, Benda, Brecht, Breton, Ehrenbourg, Forster, Gide, Malraux, Heinrich et Klaus Mann, Nizan, Pasternak, Tzara, etc. Toutefois, l'unité antifasciste ne fait pas taire les critiques contre le régime stalinien. Gaetano Salvemini et Madeleine Paz dénoncent respectivement l'assimilation de la démocratie bourgeoise au fascisme, les atteintes aux libertés en URSS. Ces voix dissonantes soulignent d'autres fractures au sein du mouvement au moment où le régime stalinien engage les purges...

IV. – Le 14 juillet 1935 et ses suites : de Paris aux villages de France, en passant par Moscou

Le mouvement Amsterdam-Pleyel, né en 1932, sous l'impulsion de Barbusse et Romain Roland, luttant « contre la guerre et le fascisme », connaît une deuxième jeunesse à partir de 1934. Dans un premier temps, ce mouvement, dépassé par le CVIA, transforme son congrès de mai 1934 en un « Rassemblement national antifasciste », auquel sont conviées toutes les organisations antifascistes adhérentes ou non à Amsterdam-Pleyel, accueillant ainsi les syndicats. Le 8 juin 1935, lors d'une réunion du mouvement, Paul Langevin propose d'inviter

1. Sandra Teroni, Wolfgang Klein (éds.), *Pour la défense de la culture. Les textes du Congrès international des écrivains, Paris, juin 1935*, Dijon, EUD, 2005.

le plus grand nombre d'organisations pour manifester le 14 juillet : on s'adresse à tous les syndicats, les partis de gauche, y compris le parti radical, aux différentes associations... Un comité unitaire se met alors en place et la présidence est offerte à Victor Basch, dirigeant de la LDH. Le 21 juin, ce comité propose d'organiser sur tout le territoire national des rassemblements le 14 juillet. Encore faut-il convaincre le parti radical qui est tiraillé entre la position d'Herriot au gouvernement et celle de Daladier qui souhaite ce rapprochement, tout comme l'aile gauche du mouvement Jeune-Turc (Zay, Cot, Mendès France). *L'Ouest-Éclair*, quotidien de droite, pointe cette contradiction : « On ne conçoit pas qu'un parti puisse tout à la fois participer au pouvoir et pactiser avec l'opposition. Ce n'est pas seulement de la logique, c'est de la simple honnêteté » (7 juillet 1935) et de fustiger l'attitude du parti radical qui a accepté l'invitation du 14 juillet. Si Édouard Pfeiffer s'est opposé à cette manifestation au sein du comité exécutif du parti radical, le 3 juillet 1935, il reste isolé. Herriot se rallie alors à Daladier qui déclare « il n'est pas un village, il n'est pas un hameau de la plaine ou de la montagne où la fête du 14 juillet ne doit retrouver son ancienne grandeur » (*L'Œuvre*, 12 juillet 1935).

C'est ainsi que le rassemblement du 14 juillet scelle la naissance du Rassemblement populaire, son « baptême » (Jacques Fauvet). La fête nationale permet aux organisateurs de mobiliser les masses. *Le Populaire*, organe de la SFIO, titre : « Vive la révolution ! Peuple de France ! Tu manifesteras aujourd'hui ta haine du fascisme et de la guerre, ta volonté de défendre les libertés démocratiques et d'assurer la paix. Peuple de Paris ! C'est place de la Bastille, à l'endroit même où la grande Révolution remporta sa première victoire que tu viendras renouveler le serment du 12 février : le fascisme ne passera pas ! »

Des centaines de milliers de participants, aussi bien à Paris qu'en province, affichent leur adhésion au

Front populaire. Partout en France des cortèges se forment. Les élus, répondent à l'appel du comité, ceints de leurs écharpes tricolores, les drapeaux aux couleurs de la nation, mais aussi des drapeaux rouges colorent les défilés ; les chants de la Révolution française et du mouvement ouvrier communient dans le même élan de défense de la République. Paul Rivet peut s'enflammer : « Camarades, la République recommence, c'est à nous de lui donner son vrai visage », chaque dirigeant des organisations présentes prend la parole... À la fin du parcours, à Paris comme en province, on prête serment, à l'image des révolutionnaires de 1789, on inscrit ainsi la solennité du mouvement dans le panthéon républicain : « Nous faisons le serment solennel de rester unis, pour défendre la démocratie, pour désarmer et dissoudre les ligues factieuses, pour mettre nos libertés hors d'atteinte du fascisme. Nous jurons, en cette journée qui fait revivre la première victoire de la République, de défendre les libertés démocratiques conquises par le peuple de France, de donner du pain aux travailleurs, du travail à la jeunesse et au monde entier la grande paix humaine. »

Si le grand rassemblement du stade Buffalo à Paris[1] est le plus important, dans de nombreuses villes ou chefs-lieux de canton, on assiste à une mobilisation forte qui reprend la symbolique républicaine de Marianne, afin de souligner vigoureusement l'attachement à la République, même « embourgeoisée » (Maurice Agulhon).

Dans l'euphorie du mouvement, on commence alors l'élaboration d'un programme du Rassemblement populaire constitué par les organisations ayant participé à la manifestation. Parmi elles se trouvent non seulement les partis politiques de gauche, mais aussi les syndicats CGT et CGTU, ainsi que des associations nationales, tels la LDH et le CVIA. Toutefois, la droite et les ligues ne veulent pas

1. Jacques Girault, *1936. Au-devant du bonheur. Les Français et le Front populaire*, CIDE, 2006, p. 78-81.

laisser au seul Front populaire le symbole du 14 juillet et au même moment, on note la présence des Croix-de-Feu sur les Champs-Élysées…

L'élan du 14 juillet 1935 est transporté à Moscou au VIIe Congrès de l'IC (25 juillet-30 août 1935), où la délégation française donne le ton. Georges Dimitrov lance alors officiellement la ligne de front populaire antifasciste. Les orateurs de la délégation française, Maurice Thorez en tête, mais aussi Renaud Jean, Raymond Guyot, Marcel Gitton, André Marty, Henri Barbusse, Waldeck Rochet, Marcel Cachin insistent sur la réussite de la nouvelle ligne. Un film produit pour l'occasion, récupéré avec l'ouverture des archives de Moscou, montre des extraits des interventions de Cachin et de Thorez. On entend même ce dernier entonner *La Carmagnole* ; le chant est alors repris, en français, par les congressistes…

Pour souligner l'emprise du Front populaire, chaque orateur évoque les progrès du PCF, et Rochet développe l'exemple du monde rural :

> « (…) En Corrèze, notre force à la campagne ne vient pas du fait qu'il y a là-bas de nombreux syndicats de la CGPT, mais du fait que les communistes ont su acquérir une influence prépondérante dans de très nombreux syndicats de la Fédération agricole dirigée par le sénateur Faure (…).
>
> Le résultat d'une telle tactique, c'est que dans ces départements, les communistes sont apparus comme les véritables défenseurs des paysans et ont enlevé plus de 30 municipalités rurales et de nombreuses minorités aux dernières élections municipales. »[1]

Galvanisés par le congrès, les délégués communistes, de retour en France, redoublent d'effort pour promouvoir le Front populaire. Ce visage rassurant qui masque pour un temps la peur des bolcheviques, conduit le parti radical à accepter définitivement en octobre le rassemblement. Un grand titre de la presse française *Vu* résume ainsi, le 30 novembre 1935, les enjeux de

1. RGASPI 494/1 : rapports au VIIe congrès mondial de l'IC.

la bipolarisation : « si les Français se battaient. Front national contre Front populaire. Qui vaincra ? »

Au sein de cet élan, la réunification de la CGT caractérise la première réussite du mouvement ouvrier et sans doute l'élément le plus déterminant pour comprendre la mise en œuvre du Front populaire. Ce fut un long chemin (Antoine Prost et Michel Dreyfus). Dès le 8 juin 1934, la CGTU adressait à la CGT une offre d'action commune à laquelle celle-ci oppose l'unité organique. Toutefois, la première rencontre officielle entre les deux organisations a lieu le 9 octobre 1934. Mais les pourparlers piétinent et ce n'est qu'en juin 1935, avec l'aval de l'IC qui lève l'hypothèque des fractions au sein des syndicats, que la marche à l'union se renforce. Entre-temps, Benoît Frachon avait défendu l'indépendance syndicale devant le secrétariat de l'IC, le 2 mars 1935 : « Non seulement en raison des traditions en France, on parle souvent de traditions anarcho-syndicalistes, elles existent en France (...). Mais il n'y a pas seulement les traditions, il y a aussi la situation politique en France. Nous pouvons citer les villes comme Lyon, Saint-Étienne qui sont entièrement industrielles et où les radicaux ont été élus écrasant les candidats du Parti socialiste. Si nous disons à ces ouvriers, le Parti communiste veut diriger les syndicats, ils répondent, nous sommes pour l'indépendance des syndicats. Nous devons tenir compte d'une telle chose et nous devons permettre à ces ouvriers socialistes et même radicaux de lutter avec nous pour l'unité syndicale. »[1] La mobilisation du 14 juillet renforce le dialogue qui aboutit le 24 juillet à un accord sur l'indépendance et la démocratie syndicale. Les deux confédérations décident alors de tenir leur congrès parallèlement et d'y soumettre le projet de réunification par palier, au niveau des unions départementales et des fédérations professionnelles, puis au niveau confédéral. Ainsi, de nombreux syndicats fusionnent entre 1934

1. RGASPI, 495/32/168, réunion du secrétariat romain, 2 mars 1935.

et 1935. Le congrès de l'unité se tient à Toulouse, du 2 au 5 mars 1936, et cette dynamique unitaire permet à la CGT de compter 250 000 adhérents supplémentaires en mai[1].

Entre-temps, les événements d'Éthiopie renforcent le clivage au sein de la société française. Le 3 octobre 1935, les troupes de Mussolini envahissent l'Éthiopie en remobilisant le mythe impérial romain. Si 50 États membres de la SDN votent l'application de sanctions économiques contre l'Italie, certains soutiennent ouvertement son entreprise de « civilisation ». Un manifeste d'intellectuels français, à l'initiative du maurassien, Henri Massis, recueillant 64 signatures (dont Abel Bonnard, Robert Brasillach, Léon Daudet, Pierre Drieu La Rochelle, Pierre Gaxotte, Charles Maurras, Jean-Pierre Maxcence)[2] est publié dans *Le Temps* du 4 octobre (« Pour la défense de l'Occident et pour la paix en Europe »). Ce manifeste des 64 s'indigne à l'idée que des sanctions puissent être appliquées : « On n'hésite pas à traiter l'Italie de coupable, sous le prétexte de protéger en Afrique l'indépendance d'un amalgame de tribus incultes… », dénonçant également « les redoutables alibis d'un faux universalisme juridique qui met sur le pied d'égalité le supérieur et l'inférieur, le civilisé et le barbare ». La réponse des intellectuels antifascistes est publiée quelques jours plus tard dans le quotidien radical *L'Œuvre*. Ils revendiquent lutter contre « l'affirmation de l'inégalité en droit des races humaines » et pour « le droit international ».

Ces différents exemples de rapprochements et/ou de clivages invitent à repenser le politique en temps de crise. Si les organisations traditionnelles sous la forme partisane sont frileuses ou enfermées dans leur sectarisme,

1. Morgan Poggioli, *La CGT du Front populaire à Vichy*, Montreuil, Institut CGT d'histoire sociale, 2007.

2. Rejoints par Marcel Aymé, Mgr Baudrillart, Henri Béraud, Fernand de Brinon et plus de 1 000 signataires, cf. Jean-François Sirinelli, *Intellectuels et passions françaises. Manifestes et pétitions au XXe siècle*, Paris, Fayard, 1990, p. 92-103.

d'autres lieux de la politisation émergent comme les associations, les comités et les syndicats. L'urgence sociale et la défense de la République en danger nouent alors l'alliance du Front populaire, afin de redonner de l'espoir au « peuple de France ». Ainsi, un panel d'associations et un syndicalisme réunifié permettent de fédérer le rassemblement, sans négliger également le rôle de la franc-maçonnerie (Denis Lefebvre), fondant de nombreux comités. Puis, les échéances électorales se rapprochant, les partis peuvent apporter des réponses plus précises, récupérant les logiques du Rassemblement populaire : « le temps de la captation partisane » (Gilles Vergnon).

Chapitre II

L'ARRIVÉE DU FRONT POPULAIRE AU POUVOIR

« Voici que s'ouvre, avec 1936, une année où le pays va se prononcer, pour quatre ans, sur sa destinée, et en de telles circonstances que c'est de la consultation d'avril que probablement dépendra sa perte ou son salut. »

Louis Madelin,
L'Écho de Paris, 1er janvier 1936.

Cette prophétie de Louis Madelin, ancien député conservateur des Vosges, caractérise bien les enjeux de 1936. La peur du chaos, qu'incarne l'alliance des forces de gauche, est le principal souci des droites.

I. – La campagne électorale

Dès septembre 1935, une plate-forme programmatique commune SFIO-PCF est signée ; il s'agit de lutter contre la politique du gouvernement, en particulier contre la pratique des décrets-lois. Des pourparlers s'engagent avec les radicaux et la quête d'un compromis guide les débats. Les tensions au sein du parti radical sont très fortes ; Herriot quitte la présidence du parti en décembre 1935, n'acceptant pas les attaques répétées contre le gouvernement Laval, dont il fait partie. Daladier le remplace à la tête du parti le 19 janvier et le 22, le gouvernement Laval démissionne, remplacé par un gouvernement radical dirigé par Albert Sarraut.

C'est ce changement de rapport de force au sein du parti radical qui débloque la situation. L'adoption d'un programme commun le 11 janvier 1936 parachève le travail unitaire. Ce programme regroupe des revendications politiques, économiques et sociales. Il met l'accent sur la réduction de la durée du travail, l'augmentation des salaires et préconise des réformes économiques ou sociales limitées, tout en envisageant une réforme fiscale. La défense des libertés, avec ses mesures contre les ligues fascistes, pour la liberté de la presse et la lutte pour la paix constituent l'autre volet d'un programme axé autour de ces trois mots d'ordre : « Pour le Pain, la Paix et la Liberté ».

Les violences de rue, les violences verbales ne s'effacent pas… L'échéance électorale se profilant, la bipolarisation accentue les rixes. Le climat de xénophobie, de haine antisémite et de dénonciation du complot judéo-maçonnique alimente la presse d'extrême droite, où Henri Béraud tient une place importante (Frédéric Monier).

Léon Blum est la figure abhorrée du Front populaire. Cet homme agressé verbalement, l'est aussi physiquement. Le 13 février 1936, un groupe de Camelots du Roy, sous la direction de Jean Filliol (futur fondateur du CSAR), blesse Léon Blum. Dans sa profession de foi pour les élections législatives, quelques semaines plus tard, Blum écrira : « J'oserais presque rappeler une grande parole de Jaurès. Quand je considère la haine que concentrent sur moi tous les tenants et suppôts de la réaction fasciste, je serais tenté de commettre parfois le péché d'orgueil. (…) Je continuerai de mériter cette haine. »

Le lendemain de l'agression, une manifestation dénonce de telles pratiques. Même Dimitrov publie un article à la suite de l'attentat, dont Blum fut victime. Son propos, qui en appelle à l'union contre le fascisme et qui dénonce l'attitude frileuse de l'IOS, présente Blum comme « un des plus grands militants du Front populaire »[1]. Le quotidien communiste, *L'Humanité,* publie, du 13 au 16 février, de

1. Georges Dimitrov, « On ne peut pas se taire : il faut agir ! », *L'Internationale communiste*, n°s 3-4, 15 février 1936, p. 147-153.

nombreux articles sur ce grave attentat : c'est le début d'une forte campagne antifasciste, inaugurant la campagne électorale du printemps.

Cet événement amène également André Marty à critiquer, dans une note confidentielle du 19 février 1936, « la faiblesse parlementaire à propos de l'attentat fasciste contre Léon Blum [1] ». Pierre Gaxotte peut s'enflammer dans *Je suis partout* : « Quand Léon Blum, qui prêche la guerre civile depuis vingt ans, reçoit un coup de canne, c'est une agression.

Quand les amis de Léon Blum crèvent les yeux d'un médecin français, c'est un incident »[2]. C'est dans ce contexte tendu qu'a lieu la campagne électorale.

Certes, les droites ne sont pas totalement unifiées – entre les ligues et les partis, il reste une certaine méfiance –, mais le réflexe antifront populaire soude le discours et resserre les rangs. À « Mieux vaut Hitler que le Front populaire » qui joue sur des réflexes d'adhésion et de rejet, le camp adverse répond par : « Qui est contre le Front populaire est avec Hitler, qui est avec Hitler est pour la guerre ». Ainsi, les événements internationaux s'invitent au cours de la campagne ; le regard porté sur l'Espagne, qui depuis le mois de février a un gouvernement de front populaire où les tensions sociales sont vives, a des effets induits sur la bipolarisation. Les événements d'Abyssinie, la remilitarisation de la Rhénanie par Hitler participent également à l'intérêt porté à l'international pour ces élections.

Lors de cette campagne électorale, la radiodiffusion est utilisée pour la première fois. Son importance est liée au travail du ministre Georges Mandel qui, entre 1934 et 1936, a initié un plan d'équipement grâce à la construction d'émetteurs puissants sur tout le territoire. On compte également près de cinq millions de postes radio TSF dans le

1. RGASPI, 517/1/1767, f° 8-9.

2. Pierre Gaxotte, « L'égalité devant la loi n'existe plus », *Je suis partout*, 22 février 1936.

pays, souvent dans le café du village ou du quartier. Grâce aux archives sonores, on remarque d'emblée la difficulté à « apprivoiser » ce nouveau mode de communication ; certains orateurs gardent leur « éloquence parlementaire » (Nicolas Rousselier), d'autres à la voix monocorde restent difficiles à écouter. Dans le Nord, « deuxième région française pour le nombre de récepteurs et d'auditeurs »[1], Jean Lebas (SFIO) et Arthur Ramette (PCF) utilisent les ondes de Radio-PTT Nord. Cependant, le discours, resté le plus célèbre, est prononcé par Maurice Thorez, le 17 avril 1936 sur les ondes de Radio-Paris, car il surprend :

> « Nous avons œuvré à l'unité entre les travailleurs des villes et des champs, entre les travailleurs manuels et intellectuels. Nous sommes heureux d'avoir propagé l'idée du Front populaire du travail, de la liberté et de la paix, et de collaborer loyalement à une action commune avec les radicaux, les républicains et les démocrates. (...) Nous travaillons à la véritable réconciliation du peuple de France. Nous te tendons la main, catholique, ouvrier, employé, artisan, paysan, nous qui sommes des laïques, parce que tu es notre frère, et que tu es comme nous accablé par les mêmes soucis. Nous te tendons la main, volontaire national, ancien combattant devenu Croix-de-feu, parce que tu es un fils de notre peuple, que tu souffres comme nous du désordre et de la corruption, parce que tu veux, comme nous, éviter que le pays ne glisse à la ruine et à la catastrophe (...) »

Ce discours, édité sous forme de tracts diffusés dans tout le pays, est repris intégralement dans *L'Humanité* du 18 avril 1936 (page 8). L'allocution de Maurice Thorez incarne à merveille le tournant opéré par le PCF, sa véritable rencontre avec la nation française. Le PCF, en reprenant la geste héroïque de l'histoire du peuple de France, le patrimoine national légué par la Révolution française, fait la synthèse avec les thématiques du programme commun (le pain, la paix et la liberté). Ces affiches, où il appelle à faire payer les riches en ces temps de difficultés, visent

1. « Les socialistes du Nord et le Front populaire », dans « 1936-2006 : Recherches sur le Front populaire », *Recherche socialiste*, n° 35, 2006, p. 44.

juste. L'une d'entre elles met en scène Mirabeau en évoquant l'un de ses discours : « Voici la liste des propriétaires français, choisissez parmi les plus riches, afin de sacrifier le moins de citoyens, mais choisissez... allons ces deux mille notables possèdent de quoi payer le déficit. Ramenez l'ordre dans les finances, la paix, la prospérité (26 septembre 1789). »

Même si le PCF évoque encore la « République des soviets » lors de cette campagne, il s'empare de l'héritage républicain progressiste, celui qui était resté le patrimoine des radicaux, afin d'entrer définitivement dans le modèle républicain.

Le PCF utilise même un vecteur nouveau, le cinéma, et commande à Jean Renoir un film de propagande *La Vie est à nous*. De nombreux acteurs, mais aussi les dirigeants du parti (Maurice Thorez, Marcel Cachin, Marcel Gitton, Martha Desrumeaux, Paul Vaillant-Couturier, André Marty, Renaud Jean) développent les solutions communistes à la crise polymorphe qui touche le pays (crise économique, sociale, morale et politique). Conçu comme une leçon, très pédagogique, le film commence par la scène d'un instituteur qui présente le portrait d'une France idyllique. Un pays riche à la fois agricole et industriel avec un patrimoine important qui lui permet un rayonnement mondial. Les enfants sont surpris par tant de moyens, alors qu'ils connaissent au sein de leur famille l'injustice, voire la misère. Un chœur leur répond « La France n'est pas aux Français, car elle est aux 200 familles, la France n'est pas aux Français, car elle est à ceux qui la pillent ».

Cette rhétorique nouvelle de la part du PCF inquiète. François Mauriac, qui a entendu le discours du secrétaire du PCF, répond stupéfait dans sa chronique « la voix de Thorez » (*Le Figaro*, 22 avril) : « Faut-il tout de même que ce pays soit peu révolutionnaire pour que le loup ait eu le front de se déguiser en berger, sous notre nez, avec cette tranquille audace ! (...) Sa voix avait beau se faire aussi tendrement pressante que celle de la paysanne qui appelle ses couvées : “Petits, petits, petits !”, je me disais : “non ! c’est impossible qu’ils marchent...” ; “ils” : je veux dire le Français moyen, le radical de sous-préfecture, l’électeur équilibré dont le postérieur adhère au rond-de-cuir, mais dont le ventre en proue regarde l’avenir ! »

Si l’on a souligné à juste titre l’importance de la radiodiffusion dans cette campagne électorale, il ne faut pas oublier non plus le rôle plus classique des meetings politiques, où l’on allait porter la contradiction, et celui de la presse écrite. Cette dernière reste le premier vecteur utilisé par les partis ou les forces politiques. Les tirages, mais aussi les ventes et les abonnements qui sont maintenant étudiés par les historiens, soulignent une forte présence des journaux au sein de la société française. À droite, *L’Écho de Paris*, dirigé par Henri de Kerillis tient une place de choix, tout comme les quotidiens régionaux, telle *La Dépêche d’Eure-et-Loir.* Toutefois, une autre presse encore plus radicale, celle de l’extrême droite rivalise avec ces titres ; *L’Ami du peuple*, *Gringoire*, *Je suis partout*, *Candide*, mais aussi les organes des ligues, comme le *Flambeau* des Croix-de-Feu, participent activement aux enjeux de la campagne électorale.

À gauche, *L’Œuvre* (proche des radicaux), *Le Populaire* (organe de la SFIO) et *L’Humanité* (organe du PCF) véhiculent le programme du rassemblement populaire avec une tonalité antifasciste de plus en plus affirmée. *L’Humanité* voit d’ailleurs ses tirages et ses ventes en pleine expansion, pour atteindre plus de 300 000 exemplaires (Alexandre Courban). Cette mobilisation sans précédent est confirmée par Jacques Duclos qui, interrogé par l’hebdomadaire *Vu* (16 mai 1936), déclare que le PCF compte sur ses militants pour diffuser son matériel de propagande, estimant que, depuis 1935, 100 000 affiches, sept millions de tracts et deux millions de papillons ont été ainsi diffusés.

Le discours de la droite est alors sur la défensive ; il faut empêcher l’arrivée au pouvoir des « partageux ». Le Comité de propagande des républicains nationaux

(CPRN) d'Henri de Kerillis, né au cours des années 1920, est réactivé. Il avait déjà publié de nombreuses affiches en 1934, en particulier pour dénoncer le danger communiste, le parti de l'étranger et le chaos de la révolution. Une affiche attaquait les radicaux, reprenant les slogans mêmes de l'Action française, « À bas les voleurs – Vive la France que le Cartel a fait tuer le 6 février 1934 », jouant sur l'unité des droites. Au cours de la campagne électorale, ce matériel est mis au service des candidats conservateurs. Ainsi, les modèles nationaux d'affiches sont déclinés localement ; dans le Morbihan, le candidat de droite, qui s'oppose au député socialiste sortant Louis L'Heveder, reprend ces affiches en ajoutant un bandeau « Votez pour le docteur Michaud, candidat de concentration républicaine et nationale. » On peut alors voir sur les murs de Lorient, « Ce sont les soviets qui tirent les ficelles du Front populaire » …

Une autre affiche reprenant les enjeux internationaux compare la situation avec l'expérience espagnole du front populaire « Comme en Espagne. Hier la grève, aujourd'hui les bombes, demain la guerre. Le communisme, c'est la guerre ». Comme l'écrit Fabrice d'Almeida, « la France modérée vit dans la hantise des journées révolutionnaire et 1789, avec ses têtes juchées sur des piques, est écrit en abîme de 1917 […] La peur des modérés suit ces deux contours. »[1]

Jouant sur les peurs, la campagne électorale des droites tend à rassembler les modérés conservateurs aux ligueurs les plus enragés, avec un slogan simple, « Votez national ! ».

La compétition électorale qui met aux prises deux blocs antagonistes est tout aussi tranchée en Côte-d'Or qu'au niveau national. Le 18 février a lieu à Dijon, au cinéma « Le Casino », une réunion de protestation contre

1. Fabrice d'Almeida, « Terreurs de la France modérée. Les affiches du Centre de propagande des républicains nationaux dans l'entre-deux-guerres », *Sociétés & Représentations,* n° 12, 2002, p. 264.

l'agression de Léon Blum. Le 11 mars, dans la même salle, Jacques Duclos, responsable communiste, prend la parole devant un millier d'auditeurs. Un grand rassemblement « pour la paix, le pain et la liberté » se tient à l'Arquebuse le 5 avril. Et quelques jours plus tard, un débat contradictoire oppose Robert Jardillier, candidat socialiste, et maître Vieillard-Baron son adversaire de droite (qui se présente sous l'étiquette « républicain de gauche ») dans la première circonscription de Dijon. La presse locale reflète l'acuité du débat : les journaux de droite fustigent les « moscoutaires », le « Front révolutionnaire » *(Le Bien public)*, le « Front commun bolchevisant » *(Le Progrès de la Côte-d'Or)* ou ce « Front populaire [qui] conduirait à la guerre » *(Le Bien du peuple de Bourgogne)*. À gauche, *Le Socialiste côte-d'orien* réclame la plus grande vigilance « contre le fascisme menaçant ».

II. – La victoire

Conformément aux accords entre toutes les formations politiques du Front populaire, au 1er tour, chaque organisation présente ses candidats. La participation est forte au sein de l'électorat qui demeure masculin (un suffrage semi-universel) : 84,3 %.

Au soir du 26 avril, la gauche a gagné, par rapport à 1932, 300 000 voix. La dynamique unitaire enclenchée dès 1934 porte ses fruits. Au regard des scrutins précédents (1924/1928/1932), la majorité était déjà à gauche, mais les forces de progrès étaient adversaires, divisées. Cette fois-ci, la donne change avec l'union et la bipolarisation de la vie politique apparaît clairement au soir des résultats du 1er tour. La droite se maintient globalement, ne perdant que 70 000 voix par rapport à 1932 et il y a 424 ballottages (seuls 174 élus au 1er tour). Le centre de gravité se déplace à gauche et pour la première fois les socialistes, même s'ils stagnent par rapport à 1932, devancent les radicaux. Le PCF gagne presque 700 000 voix, intégrant de fait le régime républicain.

Résultats du 1er tour des législatives de 1936
(mise en perspective par rapport à 1932)

	1932	*1936*
Inscrits	11 5333 593	11 998 950
Votants	9 579 482	9 847 266
Droite(s)	4 307 865	4 223 928
Radicaux et apparentés	2 315 008	1 955 174
Socialistes et apparentés	2 034 124	1 996 667
Communistes	783 098	1 468 949

D'après Georges Dupeux, *Le Front populaire et les élections de 1936*, Paris, A. Colin, 1959.

La discipline républicaine joue très largement au second tour. Le candidat du Rassemblement populaire arrivé en tête au 1er tour est soutenu par ses alliés et les désistements accentuent la dynamique du 1er tour. Le Comité national du Rassemblement populaire et les directions des partis appellent à un report de toutes les voix du Front populaire sur le candidat le mieux placé. Toutefois, il y a ici ou là quelques indisciplines, qui concernent une soixantaine de circonscriptions. Certains radicaux n'admettent pas d'appeler à voter pour un candidat socialiste ou communiste, d'autres radicaux font élire des hommes de droite et des candidats de droite, se retirent au profit de radicaux pour éviter l'élection d'un rouge.

Le mode de scrutin amplifie la victoire de la gauche, avec une nette victoire de la SFIO qui obtient 146 sièges (+ 49 par rapport à 1932), devançant les radicaux (116 sièges) et le PCF gagne 62 sièges par rapport à 1932 (72 députés). Il faut ajouter également les députés des petites formations ; à la gauche de la SFIO, dix députés du Parti d'unité prolétarienne (PUP) et à la droite de la SFIO, 26 députés de l'Union socialiste républicaine (USR, issue des néosocialistes exclus de la SFIO).

Toutefois, comme l'ont mentionné Serge Berstein et Frédéric Monier, les droites avec 222 sièges font jeu égal avec les gauches (SFIO, PUP, PCF), 229 sièges ; la majorité dépend de l'attitude de l'USR et des radicaux, dont l'ancrage à cette alliance de gauche est récent : quelques semaines auparavant, ils gouvernaient avec les droites... C'est le rôle pivot du parti radical tout au long de la IIIe République.

Les études régionales récentes, comme celles sur la Bretagne (Christian Bougeard) et l'Allier (Fabien Conord), montrent bien les enjeux des processus de mobilisations ; luttes sociales et luttes antifascistes permettant de mieux comprendre cette géographie électorale. Le vote en faveur du Front populaire se lit surtout dans le sillon rhodanien, le Midi, le Sud-Ouest, le pourtour ouest du Massif central (Limousin, Allicr), les régions industrielles du Nord (Nord et Pas-de-Calais) et dans la région parisienne ; alors que dans l'Ouest armoricain, l'Est, le sud du massif central, le Pays basque, l'électorat reste attaché aux droites, voire aux anciens notables. Ainsi, en Côte-d'Or, où cinq sièges de députés sont à pourvoir, communistes et socialistes sont présents dans toutes les circonscriptions. Chez les radicaux, Roger Duchet, maire de Beaune, est le candidat le plus en vue.

Le scrutin du second tour, le 3 mai, met face à face, dans chacune des cinq circonscriptions, un candidat de droite et un socialiste. Dans l'ensemble, les désistements jouent bien. Le socialiste Robert Jardillier conserve la circonscription de Dijon I et son camarade Jean Bouhey est élu à Beaune contre le député sortant, l'avocat Auguste Jacot. Cependant, la droite conserve la majorité des sièges. Gaston-Gérard l'emporte dans le Châtillonnais ; François de Champeaux, conseiller général de Pouilly-en-Auxois, bat le candidat du Front populaire, Claude Guyot, professeur à Dijon et maire d'Arnay-le-Duc. La surprise vient de Dijon II, où Henri Guenin est battu par Pierre Mathé du PAPF ; plus de la moitié des voix du socialiste indépendant Henri Bobin lui ont fait défaut !

Cet éclairage local, qui souligne les forces en présence, montre aussi les rivalités et les fractures au sein des gauches, qui sont souvent gommées à l'échelle nationale, masquées ici par la dynamique de la victoire.

La SFIO peut légitimement revendiquer la direction du gouvernement ; dès le lendemain du 2e tour, le 4 mai, Léon Blum écrit dans *Le Populaire* que les socialistes sont prêts « à constituer et à diriger le gouvernement de Front populaire », alors que *l'Action française* menace « le Juif Léon Blum qui sera demain le chef du gouvernement français, tel qu'il était dimanche dernier au Père-Lachaise, le poing levé et commémorant, sous des drapeaux rouges et au chant de l'internationale, les fusilleurs des otages et les pétroleurs de la Commune ».

III. – **Léon Blum, président du Conseil**

Léon Blum, figure emblématique du groupe des députés de la SFIO, constitue son gouvernement le 4 juin 1936. Il a donc attendu la fin de la législature précédente dans un souci légaliste. Cependant, il a préparé cette échéance. Dès les lendemains de l'élection le 8 mai 1936, Blum propose aux communistes de rejoindre son futur gouvernement : « La victoire ne nous paraîtrait pas complète si les communistes ne s'associaient pas à nous dans l'exercice du pouvoir conquis. La déception serait grande dans nos rangs et sans doute hors de nos rangs. » Mais les communistes ne participent pas à ce gouvernement, malgré les efforts de Thorez, l'IC avait mis son *veto* dès 1935.

Le gouvernement de Blum comprend 21 ministres et 14 Sous-secrétaires d'État, dont trois femmes (alors qu'elles n'ont même pas le droit de vote !) : Irène Joliot-Curie à la Recherche scientifique, Suzanne Lacore à la Protection de l'Enfance et Cécile Brunschvicg à l'Éducation nationale.

Un subtil dosage entre les familles politiques et même au sein des courants de chaque parti (SFIO, radicaux-socialistes et USR), mais aussi en fonction des régions et des fédérations est opéré par Léon Blum qui arrive à composer son gouvernement :

Composition du gouvernement du 4 juin 1936

Ministres :

Léon Blum, président du Conseil, député de l'Aude, SFIO.

Édouard Daladier, vice-président du Conseil, ministre de la Défense nationale, député du Vaucluse, républicain radical et radical-socialiste.

Camille Chautemps, ministre d'État, sénateur du Loir-et-Cher, républicain radical et radical-socialiste.

Paul Faure, ministre d'État, secrétaire général de la SFIO.

Maurice Viollette, ministre d'État, sénateur de l'Eure-et-Loir, USR.

Marc Rucart, ministre de la Justice, député des Vosges, républicain radical et radical-socialiste.

Roger Salengro, ministre de l'Intérieur, député du Nord, SFIO.

Yvon Delbos, ministre des Affaires étrangères, député de la Dordogne, républicain radical et radical-socialiste.

Vincent Auriol, ministre des Finances, député de la Haute-Garonne, SFIO.

Alphonse Gasnier-Duparc, ministre de la Marine, sénateur de l'Ille-et-Vilaine, républicain radical et radical-socialiste.

Pierre Cot, ministre de l'Air, député de la Savoie, républicain radical et radical-socialiste.

Jean Zay, ministre de l'Éducation nationale, député du Loiret, républicain radical et radical-socialiste.

Charles Spinasse, ministre de l'Économie, député de la Corrèze, SFIO.

Albert Bedouce, ministre des Travaux publics, député de la Haute-Garonne, SFIO.

Paul Bastid, ministre du Commerce, député du Cantal, républicain radical et radical-socialiste.

Georges Monnet, ministre de l'Agriculture, député de l'Aisne, SFIO.

Marius Moutet, ministre des Colonies, député de la Drôme, SFIO.

Jean-Baptiste Lebas, ministre du Travail, député du Nord, SFIO.

Albert Rivière, ministre des Pensions, député de la Creuse, SFIO.

Robert Jardillier, ministre des PTT, député de la Côte-d'Or, SFIO.

Henri Sellier, ministre de la santé publique, sénateur de la Seine, SFIO.

Sous-secrétaires d'État :

Marx Dormoy, sous-secrétaire d'État à la présidence du Conseil, député de l'Allier, SFIO.

François de Tessan, sous-secrétaire d'État à la présidence du Conseil, député de Seine-et-Marne, républicain radical et radical-socialiste.

Raoul Aubaud, sous-secrétaire d'État à l'Intérieur, député de l'Oise, républicain radical et radical-socialiste.

Pierre Viénot, sous-secrétaire d'État aux Affaires étrangères, député des Ardennes, USR.

François Blancho, sous-secrétaire d'État à la Marine de guerre, député de la Loire-Inférieure, SFIO.

Cécile Brunschvicg, sous-secrétaire d'État à l'Éducation nationale.

Jules Julien, sous-secrétaire d'État à l'Éducation nationale (enseignement technique), député du Rhône, républicain radical et radical-socialiste.

Irène Joliot-Curie, sous-secrétaire d'État à l'Éducation nationale (recherche scientifique).

Paul Ramadier, sous-secrétaire d'État aux Travaux publics (mines, électricité, combustibles liquides), député de l'Aveyron, USR.

Henri Tasso, sous-secrétaire d'État aux Travaux publics (marine marchande), député des Bouches-du-Rhône, SFIO.

André Liautey, sous-secrétaire d'État à l'Agriculture, député de la Haute-Saône, républicain radical et radical-socialiste.

Pierre Dézarnaulds, sous-secrétaire d'État à la Santé publique (éducation physique), député du Loiret, républicain radical et radical-socialiste.

Léo Lagrange, sous-secrétaire d'État à la Santé publique (loisirs et sports), député du Nord, SFIO.

Suzanne Lacore, sous-secrétaire d'État à la Santé publique (protection de l'enfance).

Ce gouvernement est présenté devant les députés le 6 juin 1936. De cette séance parlementaire où Léon Blum présente sa conception du gouvernement en vue de son investiture, on retient surtout l'épisode créé par l'interpellation du député de l'Ardèche, Xavier Vallat (membre de la Fédération républicaine de France), qui arbore l'insigne des Croix-de-Feu :

« M. Xavier Vallat : (...) Votre arrivée au pouvoir, M. le président du Conseil, est incontestablement une date historique. Pour la première fois, ce vieux pays gallo-romain sera gouverné...

M. le président (de la Chambre, Édouard Herriot) : Prenez garde, M. Vallat.

M. Xavier Vallat : ... par un Juif. »

Cet incident est révélateur de la haine qui existe, de la force de l'antisémitisme, de la fracture laissée par la défaite, et souligne d'emblée l'opposition farouche que les droites mèneront sans faille contre Léon Blum.

Si le contexte est tendu, Léon Blum – comme l'a souligné avec force et conviction Serge Berstein, dans la biographie qu'il lui a consacrée – met en œuvre sa vision de l'exercice du pouvoir. Dans ses nombreuses lettres ou notes personnelles, il revient sur les distinctions qu'il avait proposées, entre conquête et exercice du pouvoir. Blum inscrit alors son action dans la légalité républicaine et il ne s'agit pas d'instaurer le socialisme en France, mais de respecter l'unité des forces progressistes et démocratiques dans le cadre du Front populaire en proposant :

Léon Blum, déclaration d'investiture à la Chambre des députés, extraits 6 juin 1936, *Journal officiel*, 7 juin 1936.

« (...) L'amnistie.
La semaine de 40 heures.
Les contrats collectifs.
Les congés payés.
Un plan de grands travaux (...).
La nationalisation de la fabrication des armes de guerre.

L'Office du blé servira d'exemple pour la revalorisation des autres denrées agricoles comme le vin, la viande et le lait.

La prolongation de la scolarité.

Une réforme de statut de la Banque de France, garantissant dans sa gestion, la prépondérance des intérêts nationaux.

Une première révision des décrets-lois en faveur des catégories les plus sévèrement atteintes des agents des services publics et des services concédés ainsi que des anciens combattants.

Sitôt ces mesures votées, nous présenterons au Parlement une seconde série de projets visant notamment :

Le Fonds national de chômage.

L'assurance contre les calamités agricoles.

L'aménagement des dettes agricoles.

Un régime de retraites garantissant contre la misère les vieux travailleurs des villes et des campagnes.

(...) Tandis que nous nous efforcerons ainsi, en pleine collaboration avec vous, de ranimer l'économie française, de résorber le chômage, d'accroître la masse des revenus consommables, de fournir un peu de bien-être et de sécurité à tous ceux qui créent par leur travail la véritable richesse, nous aurons à gouverner le pays. Nous gouvernerons en républicains (...). »

À peine arrivé au pouvoir, le gouvernement de Léon Blum est confronté à un mouvement social sans précédent, celui des grèves avec occupation des usines.

Chapitre III

LES GRÈVES, POUR FÊTER LA VICTOIRE ?

« Le travail, la misère et l'ennui
Le travail, le travail à la chaîne
Soudain le travail casse sa chaîne
Et pose son outil,
Et tous les travailleurs se réveillent
avec lui
Et poussent un grand cri
La grève, la grève, partout la grève
C'est une grève comme on n'en a
pas vu souvent et le capital grince
des dents (...) »

(Jacques Prévert,
Printemps... été... 1936)

Après la victoire électorale du Front populaire et peu avant l'arrivée du gouvernement Blum, une vague de grèves déferle sur le pays. Les grévistes occupent les usines à la fois pour éviter les lock-out massifs, mais aussi, selon les mots de Simone Weil, pour fêter la victoire de la gauche.

I. – Un mouvement sans précédent

Ce mouvement social se déroule en trois temps, comme l'a montré Antoine Prost[1]. Les 11 et 13 mai éclatent deux grèves isolées dans le secteur de l'industrie aéronautique au Havre (usine Breguet) et à Toulouse (usine Latécoère) en riposte aux licenciements du patronat

1. Antoine Prost, « Les grèves de mai-juin 1936 revisitées », *Le Mouvement social*, n° 200, 2002, p. 33-54.

contre des ouvriers qui avaient fait grève le 1er mai. La victoire du mouvement entraîne une première vague de grèves dans le même secteur, mais aussi au sein des usines d'automobiles de la région parisienne (entre le 25 mai et le 1er juin). Dès le lendemain, ce mouvement, répercuté par la presse, gagne la province et rencontre une forte audience touchant des entreprises très diverses : après l'industrie, c'est le commerce, les banques et l'artisanat…

C'est dans ce contexte que la CGPF (Confédération générale de la production française) sollicite le gouvernement pour sortir de la crise. Dès le 4 juin, une délégation avait rencontré Léon Blum qui formait son gouvernement ; cette délégation était composée de René-Paul Duchemin (président de la CGPF), Pierre-Ernest Dalbouze (président de la chambre de commerce de Paris), Pierre Richemond (président de l'Union des industries métallurgiques et mécaniques) et Alfred Lambert-Ribot (délégué général du comité des forges).

Une fois en place, Léon Blum propose à la CGT et à la CGPF de se rencontrer et de négocier, certain qu'un accord est possible. D'autant que le cardinal Verdier, archevêque de Paris, en appelle à une « atmosphère de paix et de fraternité ». La rencontre a lieu le 7 juin. La délégation patronale est composée des mêmes représentants que lors de l'entrevue du 4 juin ; la délégation de la CGT, conduite par son secrétaire général, Léon Jouhaux, comprend René Belin (secrétaire général adjoint), Benoît Frachon (secrétaire général adjoint), Raymond Semat (secrétaire de la fédération des métaux), Henri Cordier (secrétaire de la fédération du bâtiment) et Pierre Milan (secrétaire de la fédération de la chapellerie).

Léon Blum préside les débats en présence de ses ministres et conseillers : Roger Salengro (ministre de l'Intérieur), Jean-Baptiste Lebas (ministre du Travail), Marx Dormoy (sous-secrétaire d'État à la présidence du Conseil) et Jules Moch (secrétaire général du gouvernement). Cette négociation entre la CGT, le patronat et le

Gouvernement aboutit dans la nuit par la signature de « l'accord Matignon ». L'intérêt de cet accord est multiple ; d'abord, il s'agit d'apaiser les esprits et de trouver des solutions face à une grève sans précédent dans le pays, tout en débouchant sur des avancées sociales importantes. Le patronat respecte la liberté syndicale et décide de ne pas prendre de sanction pour fait de grève. De leur côté, les représentants de la CGT condamnent tout débordement et insistent sur le respect de la légalité et obtiennent satisfaction sur une politique de relance par la consommation qu'ils revendiquaient depuis les débuts de la crise avec les socialistes. Le gouvernement et l'État ont un rôle régulateur lors d'un conflit social et non plus seulement celui du « maintien de l'ordre » : c'est un acte fondateur d'une culture de la négociation sociale, d'autant que les salaires sont « rajustés suivant une échelle décroissante commençant à 15 % pour les salaires les moins élevés pour arriver à 7 % pour les salaires les plus élevés » (article 4).

L'accord sert de levier aux grévistes en province au début de l'été pour obtenir du patronat local la signature des mêmes droits. Dans cette dynamique, le mouvement social ne faiblit pas et le PCF, qui a « le ministère des masses » selon les mots de Paul Vaillant-Couturier, en appelle à la responsabilité de la classe ouvrière. Son secrétaire général exprime son soutien sans participation au gouvernement de Blum, déclare même le 11 juin : « Il faut savoir terminer une grève dès que satisfaction a été obtenue. Il faut même savoir consentir au compromis si toutes les revendications n'ont pas encore été acceptées, mais si l'on a obtenu la victoire sur les plus essentielles et les plus importantes des revendications. »

C'est là sans doute un des moments particuliers du Front populaire où les partis engagés dans le rassemblement manifestent qu'ils ne souhaitent pas faire la révolution. Il faut agir dans le cadre de la légalité républicaine. Toutefois, un débat a lieu avec la minorité de gauche de la SFIO, lorsque Marceau Pivert signe une tribune dans

Le Populaire, intitulée « Tout est possible » (26 mai), qui s'enthousiasme pour la « révolution sociale ». Même Léon Trotski, réfugié en France, écrit le 9 juin, « La Révolution française a commencé », terminant son billet par ces mots « "Les soviets partout ?" D'accord. Mais il est temps de passer des paroles aux actes. »

Il est certain que ni la SFIO, ni le PCF, ni la CGT, alliés aux radicaux-socialistes n'envisagent d'instaurer le socialisme. Mais cet enjeu révolutionnaire, qui est perceptible sur l'instant, conduit Thorez et Gitton à répéter à l'envi « Tout n'est pas possible ! ». Cet épisode a pu nourrir quelques débats historiographiques sur l'interprétation des grèves.

Si les accords Matignon donnent satisfaction, le mouvement ne s'affaiblit pas et son paroxysme est atteint dans la semaine du 8 au 12 juin : 12 000 entreprises sont touchées par le mouvement et l'on compte près de 2 millions de grévistes. Ces chiffres du ministère du Travail annoncent également un taux d'occupation des usines s'élevant à 74 %. Dans les Bouches-du-Rhône, entre le 10 et le 15 juin, Xavier Daumalin et Jean Domenichino ont comptabilisé 25 000 grévistes dans une centaine d'établissements[1]. Dans le Pas-de-Calais, on dénombre plus de 110 000 grévistes le 9 juin.

La troisième vague du mouvement fin juin et courant juillet invite à comprendre l'enjeu profond du mouvement qui repose sur les conditions difficiles de travail des salariés essayant d'arracher au patronat local les acquis obtenus à l'échelle nationale. D'autant que localement, de nombreux patrons n'acceptent pas les décisions prises par la CGPF ; le 9 juin, 114 présidents et représentants des chambres de commerce s'opposent aux 40 heures. La CGPF connaît alors une crise larvée qui conduit à sa réorganisation en août 1936 ; elle devient la

1. Xavier Daumalin et Jean Domenichino, *Le Front populaire en entreprises. Marseille et sa région (1934-1938),* Marseille, Jeanne Laffitte, 2006, p. 111.

Confédération générale du *patronat* français (en remplacement de la *production*) et sa direction revient à Claude-Joseph Gignoux, ancien député Action démocratique et sociale de la Loire, mais surtout rédacteur en chef de *La Journée industrielle*, où il diffuse ses thèses libérales. Le 9 octobre 1936, « une nouvelle CGPF est en ordre de marche »[1].

Ainsi, des secteurs qui n'étaient pas marqués par la culture revendicative entrent à leur tour dans le mouvement. Seuls trois départements français ne connaissent pas ces grèves...

L'occupation des usines ou des ateliers caractérise cette vague de grèves ; souvent, on retient l'aspect festif, ayant l'ambiance d'un bal populaire sur le lieu des luttes sociales ; on évoque aussi la solidarité des concitoyens qui fournissent aux grévistes la nourriture. Partout, ces occupations témoignent d'abord de la détermination des femmes et des hommes en lutte, en quête de droits nouveaux et d'une reconnaissance légitime.

L'enjeu également important de ce moment, celui de la sortie de crise, se lit avec la généralisation des conventions collectives (mesure législative du 24 juin 1936). Ces mesures permettent, par un accord conclu entre syndicats majoritaires et patronat, de mettre fin aux grèves, fixant les accords salariaux et les règlements de la profession. Cette « embellie » mérite d'être nuancée. La résistance patronale existe. Il faut plusieurs années souvent pour que les accords par branche aboutissent ou au contraire pour qu'ils restent dans une impasse. D'autant que les délégués syndicaux ne sont pas toujours protégés, « l'autorité patronale absolue »[2] restant la règle. Au total, près de 6 000 conventions sont

1. Olivier Dard, « La réorganisation du patronat français au temps du Front populaire », dans Gilles Morin et Gilles Richard (dir.), *Les Deux France du Front populaire*, Paris, L'Harmattan, 2008, p. 248.

2. Laure Machu, « Négociations et conflits », *in* Xavier Vigna *et alii*, *op. cit.*, p. 83-101.

néanmoins enregistrées (Jean-Pierre Le Crom), fixant de nouvelles règles, mais aussi induisant la logique de la négociation. Toutefois, les travaux de Catherine Omnès, de Michelle Zancarini-Fournel ont souligné que les femmes ont été quelque peu flouées par la généralisation des conventions collectives. Helen Harden Chenut, travaillant sur les ouvrières de bonneterie à Troyes, a pu ainsi relever que « l'écart persiste entre les qualifications des femmes et leurs salaires » et qu'il « se creuse avec la codification des qualifications contenue dans la première convention collective de l'industrie, négociée par les syndicats du textile en 1936 »[1]. Cette codification sexuée des métiers et des fonctions, que fixe la convention collective, resserre le champ des possibles des ouvrières. Elle freine la mobilité professionnelle et cantonne les ouvrières dans des tâches parcellaires. Ainsi, les ouvrières de la bonneterie troyenne ont une rémunération inférieure à celle des ouvriers masculins ; une différence de 20 %.

Si tous les secteurs sont touchés par les grèves, les cheminots sont absents du mouvement, ayant en mémoire la dure répression de 1919-1920. Les révoqués de cette époque ne seront seulement amnistiés qu'en août 1936 ! (Stéphane Gacon).

Ces luttes sociales constituent une expérience sans pareille pour des salariés peu au fait de l'action collective. La CGT, mais aussi les partis de gauche, et surtout les communistes sont identifiés à cette combativité victorieuse et connaissent des adhésions massives. C'est le moment de l'apogée historique de la CGT (Antoine Prost). Le PCF est alors le porte-parole de la classe ouvrière et devient un parti de masse. *L'Humanité* tire alors à plus de 338 000 exemplaires (Alexandre Courban).

1. Helen Harden Chenut, *Les Ouvrières de la République. Les bonnetières de Troyes sous la Troisième République*, Rennes, PUR, 2010, p. 382.

II. – Un mouvement festif ou l'expression d'une forte tension ?

L'historiographie du Front populaire reste dans son ensemble marquée par le témoignage de Simone Weil, mais aussi par les nombreuses photographies de bals organisés pendant les occupations d'usine, au son de l'accordéon. Ainsi, la mémoire collective a retenu un moment d'euphorie et de dignité retrouvée, en associant au mouvement la chanson de Charles Trenet écrite quelques mois après les événements « Y'a de la joie ». Ces grèves amplifient un mode d'action apparu au début des années 1930. Les ouvriers occupent les usines, les ateliers et les locaux des entreprises afin d'éviter d'être licenciés ou pour empêcher une reprise partielle de l'activité. Ces actions sont aussi marquées par la responsabilité ouvrière qui refuse tout sabotage. On prend soin de l'outil de production et même on organise au mieux les piquets de grève et le service d'ordre pour éviter tout affrontement avec les militants des ligues d'extrême droite.

La vie dans l'usine occupée est alors particulière ; on dort, on mange, on « s'occupe »... C'est ainsi que l'on accueille des spectacles et des bals, reflétant cette atmosphère de bonheur, Simone Weil écrit : « [...] Il s'agit, après avoir toujours plié, tout subi, tout encaissé en silence pendant des mois et des années, d'oser enfin se redresser. Se tenir debout. Prendre la parole à son tour. Se sentir des hommes, pendant quelques jours. Indépendamment des revendications, cette grève est en elle-même une joie. Une joie pure. Une joie sans mélange. Oui, une joie. J'ai été voir les copains dans une usine où j'ai travaillé il y a quelques mois. J'ai passé quelques heures avec eux. Joie de pénétrer dans l'usine avec l'autorisation souriante d'un ouvrier qui garde la porte. Joie de trouver tant de sourires, tant de paroles d'accueil fraternel [...]. »[1]

1. Simone Weil, « La vie et la grève des ouvrières métallos (sur le tas) », *La Révolution prolétarienne* du 10 juin 1936.

Ce témoignage qui insiste sur la joie des ouvriers en grève, souligne aussi la dureté des rapports sociaux. La conflictualité à l'œuvre révèle ainsi des tensions importantes, voire une violence partagée…

Tout d'abord, l'occupation d'usines est considérée par le patronat comme l'appropriation d'un espace privé, c'est-à-dire un acte illégal. Même si les accords de Matignon ont tenté d'apaiser les rancœurs, ils n'ont pas pu toujours faire taire la colère face à cette « violation de la propriété privée », socle du modèle républicain. Dès le 7 juillet 1936, au Sénat, le ministre de l'Intérieur, Roger Salengro, doit faire face aux attaques répétées des élus de droite, mais aussi d'anciens radicaux, comme Jean-Baptiste Bienvenu-Martin, sénateur « gauche démocratique » de l'Yonne, qui déclare : « il ne faut pas que ce grave débat se termine par une équivoque. (Applaudissements). (…) Nous considérons que l'une des atteintes les plus graves à l'ordre public est l'occupation d'usines. (…)

M. Salengro, ministre de l'Intérieur : « Le Sénat voudra bien reconnaître que je fais un effort pour mettre un terme à l'équivoque. Si demain des occupations de magasins, de bureaux, de chantiers, d'usines, de fermes étaient tentées, le gouvernement, par tous les moyens appropriés, saurait y mettre un terme (Vifs applaudissements à gauche et au centre.) »

Ailleurs, on dénonce les étrangers, comme M. Bur, vice-président de la chambre de commerce de Dijon, « le désordre », « la faillite » et les étrangers qui viennent « exciter les ouvriers français à ne pas travailler » (*Bulletin de la chambre de commerce de Dijon*, 1936). À Boulogne, où les marins se sont retranchés dans la halle, la troupe est obligée d'intervenir pour dégager le poisson en putréfaction…

Même le patronat essaie de discréditer le mouvement gréviste. En Moselle, de Wendel coupe le gaz à la population messine, les 28 et 29 juin, reportant la faute sur les grévistes… L'atmosphère festive du mouvement social ne doit pas occulter non plus les fractures au sein de la société, ni les rancœurs accumulées. D'ailleurs, la presse de droite et d'extrême droite s'insurge contre les violations de propriétés, d'aucuns dénonçant la révolution en marche, puis les « salopards en casquettes, les bolcheviks », d'autant que certains patrons sont séquestrés. Léon Jouhaux, secrétaire général de la CGT, est alors accusé d'être responsable de tous les maux du pays. Il est tantôt grand organisateur du désordre, des grèves sur le tas ou promoteur de la paresse[1]. Plusieurs caricatures ou dessins de presse véhiculent cette image ; ainsi « Le piqué de grèves », dessin de Roy dans *Le Rire*, le 14 novembre 1936, qui présente Léon Jouhaux se reposant sur une chaise longue devant une usine occupée au 127e jour...

Le mouvement déborde de la métropole vers ses colonies. En Algérie, le 12 juin, près de 6 000 ouvriers réunis à Alger décident d'entrer dans le mouvement de grève qui ensuite s'étend aux autres régions. Au Maroc, le mouvement débute à Casablanca le 11 juin, dans la compagnie de la sucrière du Maroc puis s'étend à tous les autres secteurs et en particulier à celui du nettoyage de la ville. Les autorités municipales procèdent alors au licenciement de 240 balayeurs et aux poursuites judiciaires contre les chefs d'équipe. Une semaine plus tard, le mouvement atteint son apogée ; à Casablanca, on compte 2 118 grévistes (1 446 Marocains et 672 Européens). Les accords sont signés à partir du 25 juin dans la plupart des secteurs, les derniers à reprendre le travail sont les métallurgistes après la signature d'une convention le 4 juillet (Albert Ayache). À la Réunion, les grèves éclatent fin août 1936 et le mouvement s'arrête à la fin de l'année lorsque les mesures sociales de la métropole sont étendues à la colonie par le décret du 14 décembre

1. Christian Delporte, « Du renégat à l'antifrance : Léon Jouhaux dans le dessin de presse de l'entre-deux-guerres », *Sociétés & Représentations* n° 10, 2002, p. 337-351.

1936[1]. En Indochine, également on dénombre 242 grèves ouvrières[2].

Ce climat tendu est alors entretenu par tous les adversaires du Front populaire. Phénomène moins connu que celui des occupations d'usines, il n'en demeure pas moins que les grèves rurales participent à l'explosion sociale du Front populaire dans une temporalité décalée. Au cours de l'été 1936, puis de l'été 1937, le prolétariat rural se met aussi en grève. Les ouvriers agricoles de la Fédération nationale des travailleurs de l'agriculture (FNTA), affiliés à la CGT réunifiée, s'emploient à demander la limitation du temps de travail à neuf heures par jour (en moyenne), un réajustement des salaires, la reconnaissance du droit syndical, les congés payés. En fait, ils demandent une certaine égalité des droits entre prolétariat des champs et prolétariat urbain : c'est le « droit au bonheur pour tous ». Au congrès de leur fédération de juin 1936, ils réclament : « La réduction des heures de travail ; des meilleures conditions d'hygiène, nourriture, couchage, etc. ; le repos hebdomadaire. Augmentation des salaires, les congés payés, etc. » Ils se dotent d'un journal, *Le Paysan* (août 1936), et surtout se battent pour obtenir des conventions collectives ; ouvriers viticoles du Midi, bûcherons du Centre, moissonneurs du Bassin parisien se mettent alors en grève : « quel spectacle que toutes ces fermes des régions de grande culture, Bassin parisien et Nord, où les gros patrons se considéraient comme des seigneurs, avec un piquet de grève sous le grand portail, sur lequel flottait le drapeau rouge » (brochure de la CGT).

La première vague a eu lieu dans l'Aisne, la Seine-et-Marne et la Seine-et-Oise. Dans l'Aisne, plus précisément

1. Décret publié au *JO* du 17 décembre 1936 : « extension à la Martinique, à la Guadeloupe, à La Réunion, à la Guyane et à la Nouvelle-Calédonie des dispositions de la loi du 20 juin 1936 instituant un congé annuel payé dans l'industrie, le commerce, les professions libérales, les services domestiques et l'agriculture ».

2. Alain Ruscio, « Les patriotes vietnamiens et le Front populaire » *in* Xavier Vigna *et alii*, *op. cit.*, p. 290.

dans la région de Saint-Quentin, on assiste à un mouvement sporadique entre le 18 et le 27 mai. Même « les vachers, les bergers et les domestiques de Fonsommes et Croix-Fonsommes se sont mis en grève le 19, sans émettre de revendications en particulier, demandant simplement l'intervention de M. Mennier, député SFIO de la 2e circonscription de Saint-Quentin, nouvellement élu » (Frédéric Stévenot). Dès la fin mai, un conflit marque les esprits, dans la Seine-et-Oise, celui de Tremblay-lès-Gonesse où les grévistes tiennent des piquets de grèves devant le portail de trois fermes (Philippe Gratton).

Dès le 15 juin, ceux de Tremblay obtiennent satisfaction avec une augmentation de 10 à 20 % sur leurs salaires, la journée de dix heures et l'égalité des droits entre ouvriers agricoles français et ouvriers étrangers. À la louée de la Saint-Jean, les salariés de la Beauce se mettent en grève, mais reprennent vite le travail (Jean-Claude Farcy).

La deuxième phase profite des accords Matignon pour obtenir les mêmes droits que les ouvriers des villes. Le mouvement s'étend au cours de l'été 1936 dans l'Oise, la Somme et à nouveau en Seine-et-Marne et dans l'Aisne. La CGT met toutes ses forces dans la bataille dans les régions de grandes cultures. À la fin juillet, au moment des moissons, plus de 4 000 salariés agricoles sont en grève en Seine-et-Marne et Jean-Claude Farcy estime que le mouvement dans ces pays de grandes cultures a pu concerner plus de 10 000 salariés agricoles. *L'Écho de Paris* titre le 21 juillet 1936 « Des grèves agricoles ont éclaté en Île-de-France » et donne la parole à Dorgères : « dans 50 ou 60 communes, on a vu ce matin, les ouvriers agricoles refuser de se mettre au travail (...) Ne pas moissonner, c'est laisser perdre tout le fruit du travail et des dépenses d'une année entière (...) Nous sommes également décidés à chasser les meneurs étrangers à la région (...) ». Les menaces sont explicites et très précises : « M. Léon Blum, en ne faisant pas évacuer les usines, a mis la légalité en vacances ; nous ne nous soucierons plus de cette légalité. Le "Front populaire" réclame notre dissolution ; si le décret est pris, nous n'en continuerons pas moins à agir. »

À Chambry, les ouvriers agricoles en grève décident de ne plus nourrir et soigner le bétail et s'enferment dans les écuries. Le propriétaire, aidé par d'autres patrons, prend d'assaut sa propre ferme. Il faut alors l'intervention des gendarmes et du préfet pour qu'un accord soit trouvé (*Le Courrier de l'Aisne*, 1er juillet 1936).

Les meetings, organisés par les militants de la CGT ou ceux de la SFIO et du PCF, soulignent la volonté de rester dans la légalité en prenant appui sur les accords Matignon pour obtenir des droits légitimes ; les préfets sont mis à contribution tout comme les députés. Georges Monnet, député socialiste de l'Aisne, devenu ministre, montre l'exemple comme négociateur dans son département. Il donne également des consignes précises à tous les préfets, afin qu'ils participent aux négociations, rappelant avec force que « le gouvernement veut apporter une solution au problème si grave que posent les revendications des ouvriers agricoles (...) » et surtout « au moment où l'on a consenti, à juste raison, aux travailleurs de l'industrie et du commerce une amélioration de leurs conditions de vie, il est de stricte justice que les ouvriers agricoles qui, souvent, vivent dans une situation plus défavorisée que leurs camarades des villes, voient améliorer leurs salaires et leurs conditions d'existence ».

Toutefois, les grands propriétaires, les dorgéristes et une partie de la presse dénoncent avec force « les militants étrangers » qui viennent apporter le désordre dans les villages, drapeau rouge en tête. Les stéréotypes évoquent même le rôle des « pétroleuses », rejouant dans les campagnes le refrain entendu en 1871. Lors du débat sur l'Office du blé, début juillet 1936, le député de la fédération républicaine du Pas-de-Calais, François de Saint-Just, qui apporte la contradiction au gouvernement, s'en prend aux « bandes » dirigées par des « meneurs étrangers à la commune et souvent même à la profession agricole

(…) c'est une sorte de terreur qui s'est exercée sur nos régions ». Il se plaint à plusieurs reprises, dans les débats, des désordres dans le Boulonnais et le Calaisis. Tout particulièrement, lorsqu'il fut victime en sa qualité de maire d'Ardres, d'une séquestration, ainsi que des occupations de fermes. Pour lui, comme d'autres, ce sont des atteintes inadmissibles à la propriété et à la liberté du travail que le gouvernement doit faire cesser.

Ce mouvement ne laisse pas indifférent le monde agricole ni le monde politique. Les titres de la presse de droite rappellent ceux qui étaient employés lors des occupations d'usines : « Les cultivateurs sont décidés à user de la force pour sauver leurs moissons » ; « Des cultivateurs vont aux champs avec leurs fusils » ; « La CGT veut affamer le pays. » Dans ce contexte, le responsable de la CGT, André Parsal, écrit à Léon Blum pour expliciter le point de vue des grévistes et dénoncer les provocations des propriétaires terriens : « cela vous permettra également d'apprécier les responsabilités d'un conflit éventuel que nous sommes résolus pour notre part, tout en défendant les intérêts de nos corporants, à tout faire pour éviter ». Léon Jouhaux envoie même un télégramme le 20 juillet 1936 à la fédération de l'Aisne pour appeler au calme.

Ces grèves des moissons rencontrent l'hostilité farouche des Chemises vertes qui organisent le coup de poing contre les « rouges » encadrant les « volontaires de la moisson », afin de protéger les grands propriétaires contre les grèves. Il s'agit aussi de contenir la « ceinture rouge » par une « ceinture verte » pour maintenir l'ordre dans les campagnes… Ainsi, Renaud Jean, le responsable de la CGPT, mais aussi député de Marmande, a été victime d'une agression de la part des hommes de Dorgères et de Pointier (président de la Confédération des producteurs de blé) le 26 juillet 1936 à Yvetot (Seine-Inférieure). Tout au long du Front populaire, dans les rangs des troupes de Dorgères, on dénonce les « socialo-communo-cégétistes ».

Les grévistes obtiennent satisfaction par la mise en place de contrats grâce à la signature de conventions collectives départementales (23 juillet pour la Seine-et-Marne et la Seine-et-Oise et 29 juillet pour l'Aisne) qui doivent être renégociées l'année suivante. Ces conventions reconnaissent une augmentation des salaires, une fixation des horaires de travail (huit heures l'hiver et dix heures l'été), un jour de repos hebdomadaire, les congés payés, des améliorations sur le logement et la nourriture, garantie du droit syndical et l'égalité de traitement pour les ouvriers étrangers, nombreux dans ce secteur. À Antibes, les salariés de Vilmorin se mettent en grève du 6 au 15 juillet et obtiennent satisfaction. Le midi viticole, maraîcher et fruitier est aussi touché à l'automne 1936 par les grèves, mais plus sporadiquement.

Le temps des grèves ouvrières ou paysannes révèle une tension sociale et politique, voire culturelle, assez forte. Pour une partie de l'opinion, il s'agit d'un mouvement de désordre et de chaos, qui s'en prend au droit de propriété, réactivant les peurs des partageux, ce qui choque une partie de l'électorat classique des radicaux, les classes moyennes et qui contribue au reclassement politique. De l'autre côté, ce mouvement social est légitime, induisant le droit au bonheur pour tous…

Toutefois, il ne faut pas limiter l'approche à cette séquence du printemps et de l'été 1936 ; les conflits qui resurgissent en 1937 s'insèrent dans cette temporalité. Les grèves des ouvriers agricoles au cours de l'été 1937 qui veulent renégocier les contrats connaissent une autre issue. La fermeté patronale est de mise, Jean-Claude Farcy évoque à juste titre la « réaction patronale ». Cette fois-ci, grâce à Dorgères, les propriétaires reçoivent des « volontaires de la moisson », il n'y a plus l'effet surprise de l'été 1936. Les convois, encadrés et protégés par les gendarmes, sont parfois attaqués par les grévistes, comme dans l'Aisne à Seraucourt où l'autobus des volontaires reçoit une volée de pierres. Ailleurs, on assiste à des bagarres. Mais, les volontaires ayant fait les moissons, les enjeux de la grève n'ont plus le même écho. Le rapport de force a changé de nature et les négociations n'aboutissent pas. Ce qui laisse un peu partout un goût amer et de nombreux ouvriers agricoles sont même licenciés et certains renvoient leur carte syndicale par dépit… Dans le midi, la poussée revendicative atteint son apogée au printemps et à l'automne 1937, pour la récolte des fruits et des vendanges, toutefois les contrats collectifs signés dans la hâte ne sont pas toujours honorés par le patronat (Yves Rinaudo).

Il en est de même du côté des ouvriers des villes. Dans la plupart des cas, les grèves ont lieu dans des régions qui avaient peu été touchées en 1936. Gérard Noiriel a souligné que dans la Lorraine, il s'agit d'un « rattrapage », même si des régions en pointe en 1936 connaissent des mouvements sporadiques, comme en région parisienne chez Renault. Là encore, il s'agit le plus souvent d'un mouvement qui souhaite voir la signature d'accords qui traînent ; le pourrissement des négociations étant une arme du patronat. Ces grèves sporadiques invitent aussi à prendre en considération les formes nouvelles de résistances ouvrières, au cours de la période, afin de lutter contre les cadences infernales : « bien des travailleurs profitèrent d'un relâchement de la discipline quasi militaire qui avait caractérisé la vie d'usine au début des années 1930 pour arriver en retard, partir en avance, s'absenter, ralentir le travail et, parfois, désobéir à leur hiérarchie et entraver ainsi la production »[1].

Mais la loi a changé, le Gouvernement ayant fait adopter la loi sur la conciliation et l'arbitrage obligatoires en décembre 1936 qui a limité le droit de grève ; de plus, les syndicalistes peuvent être victimes de licenciement (Aimée Moutet). Ainsi, le 4 janvier 1937, dans la région bordelaise à Mérignac, les ouvriers de l'usine Joyaux

1. Michel Seidman, *Ouvriers contre le travail. Barcelone et Paris pendant les fronts populaires*, Marseille, Senonevero, 2010, p. 285 et 302.

ont arrêté le travail pour protester contre le licenciement d'une soixantaine de leurs camarades.

D'autant que les forces hostiles au Front populaire se sont réorganisées, comme la Fédération républicaine qui, à son congrès de juin 1937, réclame « le rétablissement de l'ordre, de la liberté du travail et de l'autorité patronale ; le respect intangible de l'épargne et du droit de propriété ; (...) l'aménagement des lois sociales en plein accord avec les délégués ouvriers libres et indépendants de toute influence étrangère et de tout sectarisme politique ; l'organisation rapide des ententes professionnelles ». Certaines de ces organisations tentent également d'encadrer le peuple, les ouvriers, comme le PPF de Jacques Doriot qui ne se limite pas à Saint-Denis, mais qui touche les « phalanges prolétariennes » de Simon Sabiani à Marseille et plus largement dans les Bouches-du-Rhône.

Ce mouvement de grèves sans précédent, caractérisé à la fois comme « un mouvement de la joie, un mouvement de la méfiance et un mouvement de l'ignorance »[1] a suscité de nombreux débats historiographiques, en particulier sur sa dimension révolutionnaire et spontanée, mais aussi sur l'expression d'une radicalité exprimant les tensions de la société française. Pour l'historien Stéphane Sirot, « le mouvement social de front populaire est à la fois la quintessence d'une période qui s'inscrit dans le deuxième âge de la grève et à un moment charnière, à la lisière du passage au troisième âge des conflits du travail »[2], à savoir le passage entre la « fonctionnalisation de la grève et son institutionnalisation », mais ce mouvement souligne aussi « l'insubordination ouvrière » (Xavier Vigna) et les violences de la société française.

1. Georges Lefranc, *op. cit.*, p. 67-68.
2. Stéphane Sirot, *Le Syndicalisme, la Politique et la Grève (France et Europe, XIXe-XXIe siècles)*, Nancy, Arbre bleu Éditions, 2011.

Chapitre IV

LES RÉALISATIONS
ET LES DIFFICULTÉS DU GOUVERNEMENT

> « Un grand avenir s'ouvre devant la démocratie française. J'adjure, comme chef du Gouvernement, de s'y engager avec cette force tranquille qui est garantie de victoires nouvelles. »
>
> Léon Blum,
> discours radiodiffusé du 5 juin 1936.

Le Gouvernement installé début juin s'emploie à mettre en œuvre son programme, afin de répondre aux problèmes liés à la crise. Si les grèves en ont accéléré le rythme, il faut mesurer d'emblée l'aspect volontariste des réformes. Les engagements pris devant les électeurs sont respectés ; en une dizaine de semaines, Léon Blum met au vote les grandes réformes qu'il a présentées dans sa déclaration ministérielle.

I. – Changer la vie et respecter un mandat populaire

Dans l'urgence des « grèves sur le tas », comme le mentionnait la gauche, le Gouvernement mène une première série de réformes concernant l'aspect social et économique. Léon Jouhaux, secrétaire général de la CGT, déclare au lendemain des accords Matignon que « Roger Salengro remplit ce jour-là et cette nuit-là, noblement, humainement, son rôle de ministre de l'Intérieur, responsable de l'ordre public, sans oublier qu'il était un militant, défenseur de ceux qui réclamaient plus de justice. » Dans l'application de ces accords, le Gouvernement fait voter la loi sur les conventions collectives ; puis celle sur les congés payés ; la troisième loi fixe la durée maximale du travail à quarante heures par semaine contre quarante-huit heures auparavant (même si la moyenne effective était de quarante-trois heures). Ces trois réformes cumulées constituent une avancée sociale sans précédent dans le cadre d'une République émancipatrice. Elles marquent profondément et durablement les cultures des gauches et du mouvement ouvrier, constituant le socle de la mythologie du Front populaire, en insufflant « un peu d'oxygène à l'étouffement de la condition prolétarienne »[1].

Toutefois, si ces lois ont été adoptées par une nette majorité – débordant largement de la gauche sur les droites parlementaires –, elles rencontrent assez vite une opposition farouche du patronat, puis des formations politiques de droite, qui considèrent qu'il s'agit d'une apologie de la paresse (« ministère de la Paresse » selon les mots de l'Action française) conduisant au déclin ; accusations qui sont reprises sous le gouvernement de Vichy et qui ont encore la vie longue.

Ces mesures sont également accompagnées d'autres droits pour les salariés : le billet de congés payés à 40 % de réduction sur les tarifs appliqués par les compagnies privées de chemin de fer. En peu de temps, près de 600 000 « billets de congés populaires » sont émis (été 1936), puis 900 000 (été 1938). Mais comme le fait remarquer à juste titre Madeleine Rebérioux, « partir coûtait cher, les équipements de tourisme étaient rares, le tandem n'était pas à la portée de tous ». Ainsi, loin des clichés répandus, la plupart des voyages sont de courts trajets, permettant au peuple de France « d'aller au-devant de la vie », pour découvrir le pays, ses richesses patrimoniales, mais surtout de retrouver les siens à la campagne, afin de renouer avec les origines familiales.

1. Maurice Agulhon, *La République, de Jules Ferry à François Mitterand : 1880 à nos jours*, Paris, Hachette, 1990.

Les loisirs ne se limitent pas aux vacances. La politique initiée par le Gouvernement, et en particulier par Léo Lagrange, sous-secrétaire d'État à la Santé publique (loisirs et sports), est de « populariser » la culture, le sport, l'éducation. Cet élan d'éducation populaire connaît une « embellie », un véritable coup de fouet (Pascal Ory). Les auberges de jeunesse se développent, les entrées à tarifs réduits dans les musées accompagnent cette politique volontariste : « la culture nouvelle n'est plus un privilège (...), elle est un trait d'union. Elle est un lien », déclare le chef de cabinet de Léo Lagrange, Édouard Dolléans. C'est en ce sens qu'il faut comprendre le Front populaire comme un mouvement social, culturel et politique qui propose d'abolir les barrières culturelles liées à l'aliénation sociale. Mouvement émancipateur, la politique mise en œuvre par le Gouvernement, relayée à l'échelle locale des municipalités, favorise la mise en relation entre les intellectuels et le peuple. Le cinéma parlant, la radiodiffusion, mais aussi les fêtes, le théâtre, les musées s'ouvrent aux masses. À un niveau plus local, le syndicalisme, en particulier du SNI-CGT, permet le tournage de films comme *Jeannette Bourgogne*, grâce à une souscription syndicale initiée par Odette Jarlaud, institutrice et militante. Ce film de Jean Gourguet vante les mérites de la promotion sociale par l'école, en racontant la « belle histoire » d'une jeune orpheline qui devient institutrice et part en Morvan pour éduquer les jeunes ruraux. Ce film, comme d'autres, inscrit le Front populaire dans la culture républicaine fondée sur le triptyque de *Liberté, égalité et fraternité*.

Si le « cinéma du Front populaire » est parfois militant (*La vie est à nous*, Jean Renoir), il témoigne surtout d'un réalisme qui met en scène le peuple confronté aux aléas du moment (*La Belle Équipe*, Julien Duvivier ; *La Bête humaine*, Jean Renoir), mais qui propose également d'autres horizons, des dépaysements (*Pépé le Moko*, Julien Duvivier), où Jean Gabin et Arletty incarnent l'idéal populaire. Cet essor des loisirs et de la « culture pour tous » voit également la coopération entre les ministères et les secrétariats d'État, retenons entre autres la création de l'aviation populaire…

Si l'enthousiasme caractérise le moment, il ne faut pas oublier non plus la dénonciation des « trains rouges » ou « des soviets chez Molière » par les adversaires du Front populaire… L'impulsion culturelle et sportive se mesure également par la mise en chantier de 235 stades dans le pays.

L'élan éducatif est aussi à l'œuvre au sein de la politique scolaire volontariste menée par le jeune ministre de l'Éducation nationale, Jean Zay, radical-socialiste, député d'Orléans, entouré d'une équipe dynamique. Dorénavant, la scolarité obligatoire est prolongée d'une année, jusqu'à 14 ans (loi du 11 juin 1936, promulguée début août). Il s'agit d'élever l'instruction des enfants du peuple, qui jusqu'à l'heure entraient jeunes dans la vie active.

Dans cette perspective, les nouveaux programmes scolaires de 1938 des trois dernières années de l'enseignement primaire, en particulier « pour la nouvelle classe de fin d'études, destinés aux élèves âgés de 13 à 14 ans qui vont quitter définitivement l'école »[1] sont riches d'enseignements. Ainsi, on mesure le tournant « populaire » et « émancipateur » que revêt l'enseignement de l'histoire dans une dimension sociale et non plus nationale, tirant sans doute à chaud le bilan du moment 1934-1937 : « on a voulu attirer l'attention des adolescents, non plus sur des faits politiques, non plus sur des faits de civilisation d'une manière générale, mais sur le travail humain, sur l'évolution de ses conditions et, dans la mesure où il est possible, sur l'origine des formes sociales au milieu desquelles nous vivons » (Instructions officielles du 20 septembre 1938).

La démocratisation méritocratique s'accompagne du développement de l'enseignement technique. La création

1. Olivier Loubes, *L'École et la patrie. Histoire d'un désenchantement 1914-1940*, Paris, Belin, 2001.

d'un brevet sportif (mars 1937) et d'une École normale supérieure d'éducation physique témoigne également d'une conception élargie de l'éducation. Jean Zay s'emploie également à interdire toute propagande politique, publicitaire, puis confessionnelle à l'école (circulaires du 31 décembre 1936, puis du 15 mai 1937).

Le ministre de l'Éducation nationale propose également, en mars 1937, de réformer les enseignements du premier et du second degré, afin d'élargir la « démocratie moderne ». Il rencontre une opposition farouche : « Le but du Front populaire est de niveler. On ne nivelle que par le bas » (*Le Flambeau*, organe du colonel de La Rocque). Ce projet fait peur aux conservateurs, et la Fédération des amicales de l'enseignement catholique de France fait paraître un communiqué le 4 mars 1937, dans *L'Écho de Paris,* dans lequel elle se dit « alarmée par une série de manœuvres, projets et menaces qui, s'ils étaient exécutés, nous ramèneraient au temps du régime abject définitivement révolu ». Ainsi, la réforme ne voit pas le jour et traîne jusqu'à la veille de la guerre, Jean Zay restant ministre jusqu'en 1939, malgré la chute du Front populaire… En coopération avec le ministre des PTT, Robert Jardillier – qui continue la modernisation de la radiodiffusion avec l'installation de plusieurs postes émetteurs sur tout le territoire –, Jean Zay met sur pied la radio scolaire. La liberté qui caractérise l'un des triptyques du programme du Front populaire se lit également par la réorganisation des émissions radiophoniques. Dès avril 1937, des émissions pédagogiques sont diffusées tous les jours ouvrables par Radio-Paris et la Tour Eiffel, relayées localement par des postes régionaux.

Ainsi, ce moment fondateur, qui promeut « l'intelligence française », voit la création de deux institutions fondamentales ; tout d'abord, il s'agit de la mise en place d'une institution de recherches financée par l'État (Service central de la recherche scientifique), embryon du futur CNRS, avec l'aide précieuse d'Irène Joliot-Curie et de Jean Perrin ; puis, en 1938, avec la création de l'École nationale de l'administration, on forme les futures élites, dont la nation a besoin. L'œuvre considérable de ce ministre, celle d'un « radical-socialiste jacobin » (Marcel Ruby), s'inscrit parfaitement dans le projet politique et culturel voulu par Léon Blum ; Serge Berstein a mis en lumière l'originalité de cette expérience gouvernementale, fondée moins sur le choix des ministres que sur celui des sous-secrétaires d'État, qui ont pu compter sur l'appui non seulement d'un chef de gouvernement, mais aussi d'un intellectuel en politique. Dans cette dynamique, Cécile Brunschwicg crée 1 500 cantines d'école, un certificat d'aptitude à l'enseignement pour enfants arriérés. Elle propose également le début d'une réforme des maisons de correction. Suzanne Lacore s'emploie « à humaniser l'Assistance publique ».

Des mesures plus politiques sont également prises, en application du programme électoral. D'abord, il s'agit d'une loi d'amnistie générale, longtemps demandée par le mouvement ouvrier et les partis de gauche. Cette loi, déposée dès le 11 juin par Léon Blum et son garde des Sceaux, Marc Rucart, prévoit d'amnistier « des hommes qui ont été condamnés, et souvent très sévèrement, pour la défense de leurs convictions ». Elle concerne exclusivement les condamnations récentes, lors des mobilisations antifascistes et du mouvement concomitant des grèves (Stéphane Gacon). Toutefois, elle ne répond pas aux attentes anciennes du mouvement ouvrier et une deuxième loi est discutée à partir de la fin de l'année 1936 et adoptée seulement le 12 juillet 1937.

Ensuite, Léon Blum et son gouvernement proposent la dissolution des ligues factieuses pour la défense de la démocratie en danger. Conformément à une loi du 11 janvier 1936, interdisant les milices privées ou formations paramilitaires, le Gouvernement demande, dès le 18 juin, la dissolution de quatre ligues : les Croix-de-Feu du colonel de La Rocque, les Jeunesses Patriotes de Pierre Taittinger, la Solidarité française de François Coty et les Francistes de Marcel Bucard. Cette dissolution est adoptée par les députés le 30 juin (375 voix contre 192). Le débat est houleux ; de nombreux députés dénoncent « l'entreprise moscoutaire ». Si le colonel de La Rocque accepte cette dissolution, il constitue immédiatement le Parti social français (PSF) qui reprend son programme, son journal. Le Gouvernement tente en vain de s'opposer à cette résurrection d'un type nouveau, en saisissant la justice, mais en vain…

Au sein de cette œuvre législative ambitieuse et d'envergure, le Gouvernement prend également des réformes des structures. En juillet 1936, afin d'enrayer « le pillage de l'épargne » et pour réaliser « une meilleure organisation du crédit », Léon Blum s'emploie à réformer la Banque de France. Il s'agit de lutter contre les « 200 familles », les plus gros actionnaires de la banque. Désormais, les 40 000 actionnaires de la banque peuvent participer à sa direction et l'ancien conseil des régents est remplacé par un conseil composé de fonctionnaires, de techniciens et de représentants des grandes organisations économiques, essentiellement nommés par le Gouvernement et venant de la CGT, la CGPF et la Fédération nationale des coopératives de consommation (deux membres seulement sont élus par l'Assemblée générale des actionnaires). L'entrée de Léon Jouhaux, le secrétaire général de la CGT, au conseil de la banque, a « une dimension symbolique forte » (Serge Wolikow). Dans les faits, les plus gros actionnaires restent les maîtres de la banque et le patronat n'est pas resté « les bras croisés, en spectateur impuissant » (Jean Bouvier).

En direction du monde rural, durement touché par la crise, le Gouvernement met en place, sous l'égide du ministre de l'Agriculture, Georges Monnet, l'Office national interprofessionnel du blé (ONIB). Il s'agit d'introduire des règles dans un marché, qui jusqu'à l'heure était organisé sous forme d'un monopole spéculatif aux bénéfices des transformateurs de la matière première, mais non des producteurs. L'ONIB est un organisme public créé par la loi votée le 15 août 1936 qui a pour rôle :

- de déterminer le prix du blé ;
- d'établir l'échelonnement des achats de blé aux producteurs ;
- de contrôler les importations et les exportations de blé ou de farine.

Le commerce et le stockage du blé sont confiés aux coopératives agricoles et le Crédit Agricole assure les paiements et avance les fonds nécessaires. Cet Office est placé directement sous le contrôle du ministère des Finances et du ministère de l'Agriculture. Il est composé des représentants des producteurs, des consommateurs et des intermédiaires (meuniers, boulangers, fabricants de pâtes alimentaires et commerçants en grains). C'est l'une des réalisations du Front populaire qui marque le plus les campagnes. Sa création suscite de nombreuses réactions ; cet Office est baptisé par le sénateur de droite de l'Aisne, Charles Desjardin, comme « le plus beau monument d'organisation marxiste que l'on connaisse ». Mais l'accueil est enthousiaste chez les paysans car l'Office leur permet d'assurer un revenu meilleur ; de 1935 à 1937, le quintal de blé passe de 80 à 180 francs.

Dans ce domaine de l'agriculture, le Front populaire poursuit également la politique des appellations d'origine contrôlée. Le Comité national des appellations d'origine des vins et eaux-de-vie (CNAO), créé par le décret-loi du 30 juillet 1935, s'emploie à promouvoir les délimitations des vignobles et de nombreux décrets sont pris au cours de l'année 1936, pour les appellations Châteauneuf-du-Pape, Arbois, Champagne, Saint-Émilion... Une réforme du statut du fermage et du métayage est envisagée, mais elle ne voit pas le jour et sera reprise à la Libération.

Le pacifisme, tant vilipendé par les adversaires du Front populaire, n'empêche pas le Gouvernement de préparer le pays à un éventuel conflit. Courant août, les députés adoptent la loi sur la nationalisation des industries de guerre ou nationalisation des industries d'armement, appliquée essentiellement aux usines d'aviation. Les premiers décrets d'expropriation prennent effet en octobre et la nationalisation permet une plus grande indépendance de l'État.

Afin de relancer l'économie, le Gouvernement engage une série de grands travaux mobilisant 20 milliards de francs sur quatre ans. Différents historiens, et tout récemment Marc Chaux ou Philip Nord, rapprochent cette politique interventionniste et déterminée de celle du New Deal américain. La philosophie de la relance par la consommation, elle-même favorisée par l'accroissement du pouvoir d'achat, est en effet aux yeux des socialistes et des syndicalistes de la CGT une solution aux effets de la crise. Il s'agit alors pour Léon Blum d'aménager le capitalisme pour sortir de la crise grâce à l'intervention de l'État. Cette étape nécessaire s'inscrit dans une situation particulière, celle d'une alliance politique de défense de la République, qui en aucun cas ne souhaite instaurer le socialisme. Certes, il reste l'horizon à atteindre, mais Blum, dans sa déclaration de politique générale, en a fixé les principes et les limites. Son ministre des Finances, Vincent Auriol, justifie également les enjeux de ces réformes « jusque-là, c'est de l'équilibre comptable rigoureux du budget qu'on espérait la renaissance économique. C'est, au contraire, de la renaissance économique que nous attendons de bonnes finances ». Ainsi, le Gouvernement, qui s'appuie sur les réflexions socialistes, pense que « l'accroissement de la capacité générale d'achat et de consommation » se fait par une hausse des revenus et une lutte contre le chômage. Blum plaide pour une augmentation de la demande conjuguée à une reprise économique et un retour à l'emploi ; c'est la reflation. « Ni déflation ni dévaluation ! », tels sont les principes mis en avant par le Gouvernement.

Aux petites et moyennes entreprises, que la législation sociale met en péril, en particulier dans l'agriculture, l'industrie et le commerce, une aide sous forme de crédits publics est concédée, à l'initiative du ministre de l'Économie, Charles Spinasse (loi du 19 août 1936). Cependant, les résultats escomptés ne sont pas à la hauteur des espérances et ils essuient les critiques de leurs adversaires ; leur politique économique est qualifiée par Joseph Caillaux, comme du « rooseveltisme lilliputien ». Alfred Sauvy, historien économiste, mais aussi contemporain des événements, a jugé très sévèrement l'œuvre économique du Front populaire, dénonçant avec force la semaine de quarante heures. Selon lui, cette décision bloque « une économie en pleine reprise qui est l'acte le plus dommageable commis depuis la révocation de l'édit de Nantes », tout en insistant sur les effets néfastes liés aux importations : « on ne saurait regonfler un pneu percé »[1]. Michel Margairaz et d'autres historiens économistes ont pu nuancer cette thèse à charge. Pierre Villa souligne en fait que cela a provoqué une « accélération des gains de productivité », quant à Denis Phan et Aimée Moutet, ils ont souligné la rationalisation du travail.

Le Gouvernement n'arrive pas à placer les emprunts prévus pour financer les dépenses liées aux réformes sociales, d'autant que les spéculateurs envisagent une dévaluation et refusent de soutenir un « gouvernement de rouges ». Mais, surtout, les slogans « faire payer les riches », la dénonciation des « 200 familles » ont eu pour effet induit la fuite des capitaux. Si tous les contemporains l'ont dénoncée, c'est tout récemment que des éléments de preuve ont émergé grâce aux historiens suisses. Marc Perrenoud, travaillant dans la commission dirigée par l'historien Jean-François Bergier qui étudiait la spoliation des biens juifs par les nazis et ses répercussions pour les banques helvétiques, a montré que, dès l'été 1936, arrivent *via* les villes thermales frontalières de nombreux capitaux français en Suisse ; la France suivant

1. Alfred Sauvy, *Histoire économique de la France entre les deux guerres*, Paris, Économica, 1984, p. 245.

de peu l'Espagne... L'onde de choc des fronts populaires en Europe, la phobie des « rouges », conduisant de nombreuses personnes à déposer leurs biens dans les banques suisses : « à la suite de la victoire électorale du Front populaire en France, de nombreux ressortissants français placèrent leurs capitaux auprès des établissements financiers helvétiques. Certains de ces capitaux furent placés dans l'immobilier en Suisse ou furent confiés à des agents fiduciaires »[1]. Cette fuite des capitaux bénéficie de la mise en place dans la Confédération helvétique du secret bancaire en 1934. Il s'agit fondamentalement d'un renforcement de l'immunité protégeant les capitaux en fuite que les autorités fiscales, suisses et étrangères, auraient pu vouloir récupérer (Sébastien Guex). Au total, cela représente quatre à huit milliards de francs suisses en 1937 (environ la moitié des capitaux étrangers en Suisse), avec une augmentation exponentielle en 1936[2].

Dans ce contexte financier tendu, le gouvernement de Léon Blum doit, malgré ses engagements, recourir à la dévaluation en septembre 1936, suivant ainsi les autres puissances. Mais cette dévaluation arrive trop tard. Elle aurait dû être prise comme en Grande-Bretagne au début des années 1930, ce qui aurait évité au franc d'être surévalué et lui aurait permis d'être compétitif, ce qui n'est pas imputable au gouvernement de Léon Blum. En revanche, la politique de hausse des salaires prise en juin 1936 renchérit la production française. Charles Spinasse, ministre de l'Économie, justifie en fin septembre la dévaluation devant le Conseil économique : « Pour l'éviter, le Gouvernement eût dû user de moyens qui ne conviennent pas plus aux besoins de notre économie qu'à l'esprit de notre peuple ou au caractère de notre régime politique.

1. Marc Perrenoud, Rodrigo López, *Aspects des relations financières franco-suisses (1936-1946)*, Zürich, Chronos 2002 (Rapport final de la commission Bergier) et Marc Perrenoud, *Banquiers et diplomates suisses (1938-1946)*, Lausanne, Éditions Antipodes, 2011.
2. *Ibid.*

Une disparité toujours plus grande entre les prix français et les prix mondiaux isolait notre pays et retenait hors de nos frontières les touristes étrangers ; l'exportation devenait chaque jour plus difficile. »

Mais la mesure reste trop faible et n'empêche pas la balance de paiements de rester déficitaire. Le « franc Auriol » (ou « franc élastique ») correspond à 65 % et 75 % de la valeur du franc Poincaré : une dévaluation de 25 % à 35 %, alors que les Britanniques et les Américains ont dévalué de plus de 40 %. Blum se refuse à établir un contrôle des changes et tente vainement d'interdire d'importer ou d'exporter de l'or… La spéculation contre le franc ne s'arrête pas, ni la fuite des capitaux en Suisse. La droite monétariste ne décolère pas et même les alliés communistes dénoncent cette dévaluation qui paupérise la classe ouvrière.

La réduction du temps de travail n'a pas complètement créé l'appel d'air envisagé afin de réduire le chômage. Quelques entreprises ont embauché, comme dans l'automobile, mais il reste encore plus de 800 000 chômeurs à la fin de l'année 1936. Ainsi, le cercle vertueux pensé par le Gouvernement n'est pas au rendez-vous, les difficultés commencent, d'autant que l'opposition se réveille de son chaos de l'été…

Concernant le rapport à l'Empire, le Gouvernement insuffle également un vent de liberté et d'humanisme. Certes, il reste attaché au principe de souveraineté française, mais il envisage de reconnaître des droits aux peuples colonisés. Marius Moutet, ministre des Colonies, et Pierre Viénot, sous-secrétaire d'État aux Affaires étrangères, œuvrent dans ce sens. Ils proposent de revoir les mandats obtenus au Proche-Orient et, en novembre 1936, ils présentent des traités qui doivent donner au Liban et à la Syrie leur indépendance. Mais, devant le tollé de l'opposition, ils ne sont pas ratifiés. Cette tentative de réforme se retrouve également avec le projet Blum-Viollette , Maurice Viollette, ministre d'État chargé de l'Algérie, propose d'accorder le droit de vote à un nombre restreint de musulmans appartenant à l'élite francisée, environ 22 000 Algériens, anciens combattants et diplômés. Là encore, l'opposition est farouche et les colons se dressent contre ce projet déposé le 30 décembre 1936 devant les députés. L'agitation des milieux coloniaux et des forces hostiles au projet, à droite ou chez les radicaux, est aussitôt extrême. Le ministre mène une campagne farouche pour défendre son texte ; il répond aux colons le 7 mars 1937 : « (...) à la vérité, les colons ont exprimé des idées bien inquiétantes : elles valent l'attention de tous les hommes de bonne foi et de tous les bons Français. "Nous avons, disent-ils en gros, la souveraineté en Algérie ; nous ne voulons pas la partager, nous voulons la conserver pour nous seuls. Des concessions ont dû être consenties au Sénégal, parce que les Européens sont peu nombreux dans cette colonie. Mais, par contre, en Algérie, où nous sommes 800 000, nous sommes en nombre suffisant pour n'accepter personne à côté de nous." Le problème est très bien posé, il y a une catégorie ethnique qui ne veut pas avoir à discuter avec d'autres le pouvoir que le fait de la colonisation lui a remis. Donc, il est bien entendu que, quel que soit le nombre des indigènes, sept millions, quinze millions, ils resteront éternellement, et comme par le décret de je ne sais quelle divinité raciale, les sujets des 800 000 Européens devenus 2 millions ou 1 200 000. Je dis clairement que je considère un tel langage comme absolument fou. (...) Comment espérer continuer à rabaisser ces générations qui, d'année en année, se grossissent de plus d'intellectuels, de grands industriels, de grands commerçants, d'ouvriers conscients (...) ? » *(Paris-Soir.)*

Mais ce plaidoyer, qui a suscité d'immenses espoirs chez les indigènes, n'est pas suivi d'effet. On reste au stade des « velléités réformatrices » ; la seule avancée tangible est la suppression du bagne de Cayenne...

II. – Mise à l'épreuve et contradictions

1. **La paix et/ou la guerre : l'ombre de l'Espagne.** – Lorsque, le 18 juillet 1936, les militaires espagnols se soulèvent pour abattre le gouvernement de front populaire élu démocratiquement cinq mois plus tôt, le gouvernement de Léon Blum et l'opinion publique sont sous le choc. En Espagne, quelques étrangers, réfugiés politiques ou participants aux Spartakiades (« contre-olympiades ») de Barcelone prévues pour le lendemain, combattent aux côtés des républicains. L'échec du coup d'État marque le début de la guerre civile.

La France est « électrisée par l'événement ». L'Espagne est au cœur des meetings de la gauche et le gouvernement, qui vient de s'installer, reste attaché à l'un des thèmes de sa campagne électorale « la paix ». Cette crise est une mise à l'épreuve importante du pouvoir. La division de la gauche au sein du front antifasciste est manifeste ; les radicaux maintiennent leur pacifisme des années précédentes, restant fidèles au serment des anciens combattants de la Grande Guerre sur « la der des ders ». Les communistes souhaitent une intervention énergique. Léon Blum, comme l'a souligné récemment Serge Berstein, est « tiraillé entre la neutralité et l'interventionnisme ».

Dans un premier temps, plusieurs de ses ministres ou sous-secrétaires d'État fournissent à l'allié républicain des avions et des armes ; Pierre Cot, « l'antifasciste radical »[1] est alors en pointe. Toutefois, le poids des autres radicaux, mais aussi des alliés britanniques le conduisent à refuser officiellement toute livraison d'armes vers l'Espagne et de ne pas pratiquer une politique d'intervention (décision prise le 25 juillet et rendue publique le 8 août). Malgré ce déchirement, un exceptionnel mouvement de solidarité morale et matérielle se développe en faveur de la République espagnole. La CGT organise

1. Sabine Jansen, *Pierre Cot. Un antifasciste radical*, Paris, Fayard, 2002.

l'aide aux réfugiés ; de nombreuses municipalités du Front populaire accueillent des enfants. Cette aide humanitaire reste cependant pacifiste. L'épisode de la guerre d'Espagne est une plaie béante au sein du Rassemblement populaire. Léon Blum en mesure très vite l'importance et tente de rassurer les militants socialistes de la Seine, lors du discours de Luna Park, le 6 septembre 1936, puis l'ensemble des militants par la publication sous forme de brochure de ce texte : « (...) Vous avez entendu l'autre soir, au Vélodrome d'hiver, les délégués du Front populaire espagnol ; je les avais vus le matin même. Croyez-vous que je les aie entendus avec moins d'émotion que vous ? (Applaudissements) (...) Alors ? Si j'ai agi comme j'ai agi, si j'agis encore comme j'estime qu'il est nécessaire d'agir, alors il faut qu'il y ait des raisons à cela, il faut bien qu'il y ait tout de même à cette conduite des motifs peut-être valables. Je les crois en tout cas intelligibles.

Je ne vous demande pas une confiance aveugle, une confiance personnelle. Mais cette confiance, du fait de ma constance avec moi-même, du fait de ma conscience de militant et de cette faculté, après tout, de jeter sur les événements un regard empreint de quelque clairvoyance raisonnable, cette double confiance, je crois que vous pouvez tout de même l'avoir pour moi. » Puis, Blum expose les enjeux de la paix, de la responsabilité gouvernementale.

Convaincu que l'Italie et l'Allemagne ne respectent pas le principe de non-intervention en aidant Franco, Léon Blum atténue la surveillance à la frontière des Pyrénées ; c'est la « non-intervention relâchée » qui permet à Pierre Cot d'aider les républicains espagnols dans leur combat antifasciste.

Ces événements d'Espagne ont des effets multiples ; d'abord, la presse est bien informée et des reportages sont envoyés dans les différentes rédactions. En second lieu, les faits de guerre et leurs atrocités sont exploités par les opposants au Front populaire et à l'inverse par les antifascistes convaincus. Les pacifistes se divisent alors entre partisans « d'une paix à tout prix » et ceux qui considèrent qu'il est « urgent de combattre le fascisme pour éviter le pire aux démocraties qui sont encore debout ».

Toutefois, des hommes et des femmes partent se battre au sein des différentes milices improvisées par les partis et syndicats ouvriers. L'intervention massive des puissances fascistes aux côtés de Franco et la « non-intervention » changent la donne. Des milliers de réfugiés politiques, qui ont été accueillis en France, ont une revanche à prendre ; ils sont prêts à combattre et s'apprêtent à passer les Pyrénées. À Paris, le PCF canalise ces hommes, sous la pression de la Main-d'œuvre étrangère (MOE), et amplifie le mouvement après avoir reçu l'autorisation de Moscou (18 septembre 1936). Le CEIC décide de mobiliser des combattants volontaires recrutés au sein des Brigades internationales : « procéder au recrutement, parmi les ouvriers de tous les pays, de volontaires ayant une expérience militaire, en vue de leur envoi en Espagne »[1]. L'historien Rémi Skoutelsky insiste sur la place essentielle de la France dans cette mobilisation ; elle « devient la plaque tournante du dispositif », même si le Gouvernement maintient la logique de la non-intervention.

Cette première division ne conduit pas à la chute du rassemblement populaire, mais elle le fragilise et laisse des traces profondes entre pacifistes et bellicistes, failles qui ne cesseront de rejouer les années suivantes. Toutefois, le gouvernement de Blum doit faire face à une opposition de plus en plus radicale...

2. **Une opposition farouche : le temps des calomnies.** – Le ton est donné depuis le discours de Xavier Vallat, tout au long de la mandature du gouvernement de Léon Blum ; l'insulte, la haine et la calomnie sont les armes de l'opposition et en particulier d'Henri Béraud. L'antisémitisme, l'anticommunisme et l'antimaçonnisme sont alors le ciment d'une presse qui ose tous les dérapages.

1. RGASPI, 495/18/1135 : 7e point du PV de la réunion.

Chaque ministre ou sous-secrétaire d'État est l'objet d'attaques. Si Robert Jardillier, ministre des PTT, est affublé de l'adjectif « TSFIO », d'autres ministres sont atteints dans leur honneur. Léon Blum constitue, depuis le printemps 1936, « le défouloir idéal pour tous ceux qui trouvent à se plaindre du gouvernement de front populaire »[1]. Son gouvernement incarne le pouvoir judéo-bolchevique, maçonnique...

Avec *Bagatelles pour un massacre*, publié en 1937, Louis-Ferdinand Céline, usant d'un « racisme intégral », sonne la charge : « Moi, je voudrais bien faire une alliance avec Hitler. (...) Il les aime pas les Juifs... Moi non plus... J'aime pas les nègres hors de chez eux... Je ne trouve pas ça un divin délice que l'Europe devienne toute noire... (...) C'est les Juifs de Londres, de Washington et de Moscou qu'empêchent l'alliance franco-allemande. (...) Pour être colonisés, pour vous dire franchement la chose, on peut pas l'être davantage que nous le sommes aujourd'hui par les Juifs, par les nègres, par la plus immonde alluvion qui soit jamais suinté d'Orient. (...) Je préférerais 12 Hitler plutôt qu'un Blum omnipotent. Hitler encore je pourrais le comprendre, tandis que Blum c'est inutile, ce sera toujours le pire ennemi, la haine à mort, absolue. (...) Les boches au moins, c'est des blancs... »[2]

L'Action française, mais aussi les hebdomadaires *Candide*, *Gringoire* et *Je suis partout* regorgent d'une violence sans précédent. Bénéficiant de tirages impressionnants (650 000 exemplaires pour *Gringoire*, plus de 400 000 exemplaires pour *Candide*), ces journaux influencent l'opinion publique des droites, débordant sur les droites plus modérées. Robert Brasillach trempe sa plume dans une encre de poison « par la grâce d'un gouvernement de pleutres et de bandits, les cyniques,

1. Emmanuel Debono, « Introduction, Dossier années trente. L'emprise sociale de l'antisémitisme », *Archives juives*, vol. 43, n° 1 2010, p. 6.
2. *Bagatelles pour un massacre*, Paris, Denoël, 1937, p. 221-222.

les marchands d'armes, les sadiques comme ce petit Pierre Cot (il suffit de regarder son portrait pour deviner chez lui on ne sait quel érotisme du sang et de la mort) font la loi à ces pauvres gueules de pions chahutés que montrent Blum et Salengro ». Ce dernier, ministre de l'Intérieur, est victime d'une campagne de diffamation initiée par *l'Action française,* qui l'accuse d'avoir déserté en 1915 : « Grensalo n'a pas seulement déserté, il a aussi donné des renseignements à l'ennemi » (13 juillet 1936). Cette attaque est relayée par Henri Béraud dans *Gringoire* où il dénonce « Proprengro » comme un « traître mal blanchi ». D'autres journaux, plus « modérés », comme *l'Écho de Paris* ou *Le Jour* relayent la calomnie. Salengro envisage de démissionner, mais Blum l'en dissuade. Le chef du gouvernement ordonne un examen du dossier militaire dans des conditions d'impartialité. Malgré les preuves apportées par l'armée et le général Gamelin pour innocenter le ministre de ces accusations calomnieuses, la campagne continue et est relayée par certains députés. Le député de Lille, Henry Becquart, interpelle le Gouvernement, et les débats commencent le 13 novembre. Blum ouvre tout le dossier et dénonce la machination orchestrée par « la feuille infâme ». Pour conclure ce débat, un vote de confiance est organisé et surtout il est demandé de condamner les calomnies. La confiance est accordée par 380 voix contre 187, mais plus de 100 députés refusent de condamner les calomnies. Ce nouvel affront affecte profondément Roger Salengro, qui, de retour dans sa ville de Lille, se suicide le 17 novembre au soir, laissant plusieurs lettres qui exprimaient à nu sa souffrance et son désarroi. Dans sa lettre adressée à Léon Blum, il écrit : « s'ils n'ont pu réussir à me déshonorer, du moins porteront-ils la responsabilité de ma mort, car je ne suis ni un déserteur ni un traître. Mon parti aura été ma vie et ma joie ». Au moment de ses obsèques, où une foule nombreuse se recueille autour du cercueil du député-maire de Lille, plus d'un million de manifestants défilent à Paris. Toutefois, cela ne fait pas taire les calomniateurs ; *L'Action française* explique au lendemain du suicide que Salengro vient de « déserter une seconde fois »... Roger Salengro est remplacé en décembre par Marx Dormoy.

Cette atmosphère tendue, quasi de « guerre civile larvée », témoigne des chocs entremêlés de l'accueil du Front populaire ; le traumatisme des grèves, de l'atteinte à la propriété, mais aussi la peur « partageux », où l'on rejoue les peurs du XIXe siècle amplifiées par celle du parti de l'étranger, du danger moscoutaire – *L'Espoir français* édite de nombreux numéros sur l'invasion des soviets – sont autant de marques d'une radicalisation des droites, même républicaines, qui sont affaiblies par la création du PSF par le colonel de La Rocque et la naissance du PPF de Jacques Doriot qui déportent sur l'extrême droite le centre de gravité des droites.

III. – Le gouvernement de Léon Blum : une nouvelle forme d'exercice du pouvoir ?

Le mode de gouvernement invite l'historien Nicolas Roussellier à définir le front populaire comme un « nouveau régime politique », qui modifie les usages du modèle parlementaire de la IIIe République. Léon Blum utilise ainsi « trois moyens de rupture : l'arme du calendrier ; une procédure d'urgence pour l'examen de certains projets de lois ; le recours généralisé aux lois-cadres ». Le rythme accéléré des réformes permet de répondre au mieux aux objectifs, tout en respectant le mandat populaire, mais aussi de lutter contre les effets de la crise. Si ce calendrier à « cadence rapide » caractérise l'été 1936, par la suite, Léon Blum utilise la loi-cadre ; il n'enlève pas au Parlement ses prérogatives, mais peut effectivement accélérer le rythme des réformes sans avoir recours aux décrets-lois utilisés par ses adversaires... D'autre part, le chef de gouvernement n'a pas pris de portefeuille ministériel ; cela lui donne une marge de manœuvre plus grande, celle d'un véritable chef d'orchestre qui donne le tempo des réformes et surtout qui assume ses choix.

« La vieille démocratie parlementaire et ultrareprésentative cédait le pas à une démocratie exécutive doublée d'un État social en voie d'émergence. »[1]

Toutefois, face à la montée des mécontentements et aux résultats de sa politique économique qui ne sont pas à la hauteur des espérances, Blum annonce « la pause » en février 1937 ; c'est l'abandon du calendrier dynamique des réformes sociales et de structures. La « pause » est une conversion aux thèses sur l'équilibre budgétaire. Blum pense ainsi rassurer les milieux d'affaires, les investisseurs, mais cela provoque un certain remous au sein du mouvement ouvrier, surtout au PCF. Cela fragilise l'alliance, et les effets attendus ne sont pas à la hauteur ; le patronat et les droites renforcent leur opposition.

D'autant que quelques semaines après cette annonce ont lieu les événements de Clichy, où une manifestation interdite du PSF conduit à des échauffourées. Les forces de police tirent sur les contre-manifestants de gauche : on dénombre 5 morts et plus de 200 blessés. Le nouveau ministre de l'Intérieur, Marx Dormoy, essuie alors les critiques des communistes et même de militants socialistes.

L'unité se fissure. La dernière grande manifestation du gouvernement de Léon Blum consiste en l'inauguration de l'Exposition universelle au Trocadéro, en mai 1937. Cette exposition – où le face-à-face du pavillon soviétique surmonté d'une statue représentant l'ouvrier et la kolkhozienne brandissant le marteau et la faucille et le pavillon allemand pavoisé de la croix gammée reste gravé dans les mémoires – permet également à Pablo Picasso d'exposer Guernica, dans le pavillon de la jeune République espagnole.

Mais au-delà des tensions internationales, cette grande manifestation populaire donne à voir la France, celle des régions (symbolisées par 27 pavillons), celle des villages. Ce jeu d'échelle où le local rencontre l'international

1. Nicolas Roussellier, « Le Front populaire, un régime politique nouveau ? », dans Gilles Morin et Gilles Richard (dir.), *op. cit.*, p. 278.

permet au gouvernement de front populaire de présenter, dans un centre rural, une certaine concorde sociale, au moment où ont lieu de nouvelles grèves des ouvriers agricoles… « C'est un village à l'entrée de Paris, avec sa mairie, son école, son auberge, ses coopératives – sans oublier une ferme et ses dépendances (…) on y appréciera la qualité des produits de la terre et de l'élevage » (*L'Humanité,* 28 mai 1937).

Reprenant à son compte les enjeux du progrès, de la modernité où l'on expose les bienfaits des syndicats professionnels et des coopératives, le village bressan de Romenay, transporté au cœur du centre rural de l'exposition, inscrit aussi cette initiative dans un folklore assumé, revendiqué par l'adjoint de Paul Rivet, Georges-Henri Rivière (Annie Bleton-Ruget). Ainsi, on célèbre la « petite patrie », la commune et le village, cellule de base du modèle républicain, mais aussi du peuple de France, tant vanté par les alliés du Rassemblement populaire. Au cours de cette exposition se manifestent alors la fête paysanne, la folklorisation d'une histoire nationale au moment même où le gouvernement de Léon Blum démissionne en juin 1937.

Afin de mener une politique de relance plus volontariste, Blum et Auriol demandent les pleins pouvoirs en matière financière (jusqu'au 31 juillet 1937) qui sont accordés par les députés, mais refusés deux fois de suite par le Sénat qui suit son président de la commission des finances, le radical Joseph Caillaux. La défection des radicaux a lieu au Sénat. Jean-Denis Bredin signale l'aversion de Caillaux pour la politique menée par Blum, reposant sur un rejet du monde urbain et s'appuyant sur une mystique paysanne : « tels qu'ils sont, les projets du Gouvernement apparaissent comme l'expression d'une mystique antipaysanne (…) Je suis un paysan et Blum un ouvrier »…[1]

1. Cité par Jean-Denis Bredin, *Joseph Caillaux*, Paris, Gallimard, 1985.

Le président du Conseil se voit dans l'obligation de démissionner (21 juin). Albert Lebrun, président de la République, accepte cette démission et demande au radical-socialiste Camille Chautemps de constituer le nouveau gouvernement.

Chapitre V

1937-1938, DISLOCATION ET CHUTE DU FRONT POPULAIRE

Le radical-socialiste Camille Chautemps, déjà ministre d'État dans le gouvernement Blum, mais également ancien président du Conseil au début des années 1930, doit former la nouvelle équipe gouvernementale. Quelques mois auparavant, le cardinal Baudrillart, dans une correspondance privée du 25 septembre 1936, insistait sur « l'effort qui se tente actuellement pour grouper les anticommunistes autour de Chautemps »[1]. S'ensuit une année de délitement du Front populaire durant laquelle le parti radical, « pivot » du jeu politique, abandonne l'alliance de Rassemblement populaire pour gouverner avec la droite.

I. – Le ministère Chautemps poursuit-il le Front populaire ?

Chautemps déclare, dès le 22 juin, constituer un « gouvernement de rassemblement républicain ». Certes, il s'agit de défendre la République contre les dangers factieux, mais ce glissement sémantique, éclipsant de fait le Rassemblement populaire, ne doit pas occulter que la coalition parlementaire est toujours réelle. La composition de ce deuxième gouvernement du Front populaire répond toujours à un subtil dosage entre les forces politiques et les partis, même si les radicaux-socialistes

1. Lettre citée par Paul Christophe, *1936, les catholiques et le Front populaire*, Paris, Éditions Ouvrières, 1986, p. 276.

reprennent le dessus sur la SFIO. Blum est tout de même vice-président du Conseil. Toutefois, il n'y a plus de femmes dans la nouvelle équipe qui reconduit à peu près les mêmes ministres et sous-secrétaires d'État, mais qui comporte 1/3 de nouveaux. Des piliers du radicalisme reviennent aux commandes, comme Albert Sarraut (qui avait déclaré quelques années plus tôt, lors d'une période sectaire du PCF, « le communisme, voilà l'ennemi ») et Georges Bonnet, adversaire du Front populaire qui devient ministre des Finances.

L'ambiguïté de ce gouvernement est perçue par la presse de l'époque ; *L'Écho de Paris*, du 25 juin, titre « De quoi s'agit-il pour M. Chautemps ? Sous le contrôle du Front populaire, de liquider "l'expérience Blum"... ce ne sera pas commode... », alors que *L'Humanité* écrit le même jour : « "Troisième ministère Chautemps" ? Oui, sans doute. Mais avant tout : second ministère du Front populaire ! »

Telle est la situation dans laquelle Chautemps et les radicaux doivent composer avec leur droite et leur gauche. La SFIO accepte de participer à ce gouvernement par 3 972 voix contre 1 369 (vote de son comité national) à condition de respecter le programme du Front populaire, ce qui montre les difficultés à venir. Le ressort de l'unité de 1935-1936 n'est plus là, l'euphorie et l'embellie de 1936 semblent loin. Les communistes de leur côté votent l'investiture, mais mobilisent au même moment, en organisant une grande manifestation place de la Nation à Paris « pour l'exécution du programme commun ». Il s'agit de rappeler à Chautemps les engagements pris devant les électeurs.

Gouvernement radical à participation socialiste, il s'emploie surtout à rétablir les finances du pays. Le ministre des Finances Georges Bonnet procède dès juillet à une nouvelle dévaluation du franc, mais qui n'arrive pas à combler le retard pris face aux monnaies anglaise et américaine. Pour mener à bien sa politique, le Gouvernement augmente les impôts, les tarifs des transports publics, accentuant le mécontentement des communistes et des socialistes.

La seule grande réalisation, qui continue l'esprit des réformes entreprises l'année précédente, est la création de la Société nationale des chemins de fer français (SNCF), sous forme d'une société anonyme d'économie mixte dont 51 % du capital est détenu par l'État (49 % des actions restent détenues par les anciennes compagnies). En fait, l'État compensait depuis fort longtemps les pertes financières des compagnies privées... En contrepartie, les salariés obtiennent plusieurs avantages. Ils entrent au conseil d'administration ; la société procède à l'embauche de 80 000 cheminots et surtout les grévistes de 1920 – le martyrologe de l'identité cheminote (Christian Chevandier) – sont réintégrés (25 % des révoqués et 2 % des licenciés). Imposée aux « seigneurs du rail », selon la terminologie de la puissante fédération CGT des cheminots, dirigée par Pierre Semard, la SNCF, née de la loi d'août 1937, est la plus vaste société d'économie mixte mise en place.

Serge Berstein évoque à juste titre l'immobilisme de cette période : « immobilisme, parce que toute mesure trop hardie, dans un sens ou dans l'autre, ferait perdre au gouvernement l'un ou l'autre de ces appuis ». En fait, ce gouvernement applique la « pause ». Cependant, le glissement à droite des radicaux conduit à une critique croissante des forces politiques de gauche et du mouvement ouvrier. Le réveil des grèves, avec un mouvement important au sein de services publics, témoigne de cette tension (voir *supra* p. 60-61) qui est ravivée par les décrets aménageant la semaine de quarante heures (21 décembre 1937). Face à cette « dérive droitière », les socialistes quittent le Gouvernement le 13 janvier 1938.

Dans un premier temps, Georges Bonnet tente de constituer un gouvernement allié à la droite, mais cela reste prématuré et il renonce. Albert Lebrun charge alors Léon Blum, le 16 janvier de constituer une nouvelle équipe, mais il essuie également un revers. La confiance n'est plus là ; les fissures, voire les fractures au sein de la coalition, sont trop fortes. Chautemps est à nouveau l'homme de la situation, mais pour quelques semaines… : « le nouveau cabinet comprend des radicaux et des membres de l'Union socialiste républicaine et de la gauche démocratique » titre *Le Matin* du 19 janvier 1938[1]. La chambre des députés accorde sa confiance à ce gouvernement par 501 voix contre 1, « pour son programme de progrès social, de redressement économique et financier, de paix et de défense du régime » (*Le Matin*, 22 janvier 1938) » et, *Le Figaro*, de préciser « l'ordre du jour radical a été adopté par les socialistes, les communistes et une grande partie des groupes hostiles au Front populaire ». Un tel replâtrage ne pouvait pas durer, mais personne ne voulait prendre la responsabilité de faire échouer l'opération. Cette crise larvée du Front populaire souligne le « reflux », avant la « débâcle » (Frédéric Monier).

Entre-temps, le pays doit faire face aux menaces et aux attentats d'un comité secret d'action révolutionnaire (CSAR), issu de l'extrême droite et plus particulièrement d'anciens Camelots du roi ; ce comité est surnommé par la presse la « Cagoule ». Il s'agit de renverser la République, vaille que vaille, en sombrant dans le terrorisme. Plusieurs réfugiés antifascistes italiens sont assassinés, comme les frères Rosselli, le 10 juin 1937. Financé par le régime mussolinien, mais aussi par les franquistes, ce comité fait régner la terreur. Le 11 septembre, un double attentat vise les sièges du patronat (la CGPF et l'UIMM).

Le 18 novembre, le ministre de l'Intérieur, Marx Dormoy, rend public ce complot contre la République. On arrête dans toute la France plus d'une cinquantaine d'activistes et l'on découvre des caches d'armes… Le réflexe de 1934, celui d'un sursaut antifasciste, n'est plus à l'ordre du jour, tant les divisions sont fortes.

1. Vingt-six radicaux, cinq USR, un de Gauche indépendante, un de Jeune République.

Au moment où Chautemps donne sa démission, en raison du refus des socialistes de lui accorder les pleins pouvoirs financiers, Hitler envahit l'Autriche… Cette démission souligne non seulement la fin du cycle initié en 1934-1935, mais surtout elle confirme la faillite gouvernementale en matière de politique étrangère. Une politique étrangère qui reste timorée et qui ne comprend pas les enjeux de l'expansion fasciste en Europe. D'ailleurs, le Gouvernement ne réagit pas aux insultes racistes proférées par la presse italienne (« Derrière le Rouge du Front populaire vient le Noir », *L'Azione Coloniale*, 22 juillet 1937) ou allemande à la nomination de Gaston Monnerville au gouvernement. La seule fermeté concerne l'empire colonial ; le gouvernement Chautemps enterre définitivement les projets initiés par Blum et, surtout, il a recours à la force en Tunisie et au Maroc. Après les événements de Fès et de Meknès à l'automne 1937, le résident général Noguès organise la répression et il fait arrêter puis transporter l'un des principaux dirigeants nationalistes, Allal el-Fassi au Gabon, puis au Congo.

Ainsi, début mars 1938, face à cette crise sans précédent, en plein *Anschluß,* Blum demande au Conseil national de la SFIO l'autorisation de former un gouvernement « groupant tous les partis sans exception » ; un « ministère de Maurice Thorez à Paul Reynaud ». Les communistes sont favorables. Le 12 mars, le comité central du PCF et le groupe parlementaire du parti se réunissant à Montreuil déclarent : « (…) saisis d'une proposition de collaboration à un gouvernement de rassemblement national autour du Front populaire, ils n'élèvent pas d'objection de principe à ce que soient associées toutes les forces républicaines du pays à la réalisation du programme voulu par le suffrage universel (…) » (*L'Humanité*, 13 mars 1938). Le PCF, sous l'impulsion de Thorez, est, depuis le début de l'année 1938, effectivement prêt à participer au Gouvernement ; toutefois, l'IC reste sur ses positions antérieures, ce que soulignent les télégrammes envoyés au cours de ce premier trimestre 1938 au PCF. Le contrôle du centre s'affirme au moment où l'URSS connaît des purges…

II. – Le second gouvernement Léon Blum : continuer les réformes du Front populaire

Blum n'arrive pas à mettre en œuvre un « gouvernement d'union nationale », du fait du refus catégorique de Pierre-Étienne Flandin à vouloir siéger avec les communistes… Le dénouement de la crise ministérielle se fait dans la reconduite d'un gouvernement à majorité socialiste.

Du 13 mars au 10 avril 1938, ce gouvernement, composé de 16 socialistes, 15 radicaux, 3 membres de l'USR et 1 Jeune République, a le soutien des communistes. Cette fois-ci, Blum n'est plus seulement le chef d'une équipe, il prend le « portefeuille du Trésor ».

La recrudescence des grèves oblige le Gouvernement à tenter une conciliation entre syndicat et patronat. Toutefois, il n'a plus l'aura de 1936 et, surtout, les partenaires sociaux ne sont plus prompts à négocier. Les radicaux ne souhaitent pas revivre l'expérience de 1936 et refusent d'accorder, jusqu'en décembre 1938, à Blum les pleins pouvoirs financiers pour assurer la défense nationale liée à l'expansion fasciste. Pourtant, Blum présente un projet interventionniste et volontariste, dont le moteur est la relance économique par un effort industriel fondé sur le réarmement (face aux dangers fascistes). Ce projet est appuyé par un contrôle des changes pour éviter la fuite des capitaux – qu'il n'avait pas osé mettre en œuvre dans son précédent ministère – et par un contrôle des opérations financières et un impôt sur le capital.

Dans ce dispositif exigeant et interventionniste, Léon Blum est appuyé par son jeune sous-secrétaire d'État, Pierre Mendès France, et son chef de Cabinet, Georges

Boris : « c'est une sorte de keynésianisme au sens le plus large et le plus vague du terme » (Pierre Rosanvallon), même si l'historien Michel Margairaz préfère évoquer l'aspect conjoncturel du projet.

Cette politique plus audacieuse et plus marquée à gauche invite à prendre en compte plusieurs logiques à l'œuvre. Tout d'abord, Blum doit composer avec la gauche de la SFIO de plus en plus combative. Il doit également prendre en compte les exigences communistes et surtout celles du mouvement social. Dans cette optique, il garde le cap à gauche conduisant les radicaux à choisir leur camp. Ces derniers, empêtrés dans leurs contradictions, profitent de l'aubaine pour ressouder leurs rangs, en assumant leur virage à droite. Ils sont épaulés dans leur dérive par les critiques acerbes de la presse envers le projet socialiste ; ainsi, *Le Matin* livre un éditorial sévère : « une fois de plus, en mettant un impôt de 7 % sur les coupons de rente et en enlevant aux rentiers certains privilèges qui leur avaient été promis, l'État viole un contrat, écrit solennel, et manque cyniquement à ses engagements les plus formels. Une fois de plus, l'État s'attaque à une masse sans défense de petits possédants, de petits épargnants, de petits retraités, qui, avec une fidélité admirable, à travers toutes les convulsions et toutes les crises, avaient répondu à l'appel de la nation, avaient fait confiance à sa parole et lui avaient apporté leurs pauvres économies (…) » (6 avril 1938).

Si le projet de Blum est adopté par les députés (311 voix contre 250 et 53 abstentions), le vote laisse poindre les contradictions à l'œuvre ; « les radicaux se sont divisés : 59 pour, 24 contre, 24 abstentions et 5 absents, la crise ministérielle paraît inévitable », titre *Le Petit Parisien* le 7 avril.

Mais ce projet est rejeté par le Sénat (214 contre et 47 pour), provoquant, le 7 avril 1938, la démission de Blum qui envoie à Lebrun cette lettre : « (…) placés devant l'impossibilité de poursuivre la tâche que nous nous étions assignée, nous avons le regret de remettre entre vos mains la démission collective du cabinet (…) ».

III. – La fin du Front populaire

1. **Le gouvernement Daladier ou le virage à droite des radicaux.** – Édouard Daladier peut enfin diriger un gouvernement, après son revers de février 1934. Pour la première fois également depuis 1936, des dirigeants de droite entrent au gouvernement : Paul Raynaud devient ministre de la Justice ; Georges Mandel se voit confier les Colonies ; Auguste Champetier de Ribes reçoit le portefeuille des Anciens Combattants et enfin, Raymond Patenôtre est nommé ministre de l'Économie nationale. Cette aile droitière du gouvernement est cependant équilibrée par le maintien de radicaux de gauche (Jean Zay, Marc Rucart et Pierre Cot)… Ainsi, Daladier ne rompt pas officiellement avec le front populaire. Le 12 avril, son cabinet est investi par les députés à une écrasante majorité (576 voix pour et 5 abstentions). Devant une telle unanimité de façade, il déclare ne rien vouloir faire pour « briser » ni « renverser » la majorité de front populaire, mais « décide seulement d'élargir la base sur laquelle repose le gouvernement ». Pour tenter d'éclipser tout malentendu, il reçoit le 9 mai 1938 une délégation du Comité national de Rassemblement populaire. Sur cette entrevue, l'historien dispose aujourd'hui d'un long rapport envoyé à l'IC par Eugène Fried. Ce dernier annote le rapport effectué par Florimond Bonte, député communiste, qui fait partie de la délégation. Aux questions précises posées par les tenants du Front populaire, Daladier répond : « la situation est grave à l'intérieur comme à l'extérieur. Or, je suis ennuyé par des grèves comme celles du Havre (…). Il me faut de l'ordre, de la production »[1]. Face au désordre, il souhaite rétablir

1. RGASPI 495/74/517.

l'ordre cher aux radicaux. Ainsi, il en « appelle à la solidarité à gauche, exhortant ses interlocuteurs à l'aider, mais esquisse une ligne politique qui ne peut satisfaire aucune de leurs revendications, tant sur le plan intérieur que sur le plan extérieur »[1].

Daladier obtient les pleins pouvoirs financiers jusqu'à fin juillet 1938 et promulgue, en deux mois, 182 décrets-lois. En fait, il remet en cause la logique même du front populaire, le 21 août, en revenant sur l'un des symboles de juin 1936, la loi des 40 heures : « il faut remettre la France au travail, proclame M. Daladier dans un énergique appel qu'il adresse au pays. Et le président du Conseil déclare qu'il faut aménager la loi des quarante heures pour permettre à toutes les entreprises qui le peuvent de travailler davantage, les heures supplémentaires n'étant plus payées à un taux prohibitif » (*L'Ouest-Éclair*, 22 août 1938). La rupture est alors consommée avec les communistes et les socialistes. C'est la fin de l'expérience du Front populaire. Même au sein du gouvernement des tensions apparaissent entre ce pôle qui remet en cause le symbole même du Front populaire et des ministres issus des rangs de l'USR, comme Frossard et Ramadier qui démissionnent au lendemain du discours de Daladier.

Paul Reynaud justifie sa politique en ces termes : « nous vivons en régime capitaliste. Certains peuvent le regretter, mais il y a un fait sur lequel nous serons tous d'accord : de même qu'on ne change pas de chevaux au milieu du gué, la France ne peut s'offrir le luxe de changer de régime dans l'Europe d'aujourd'hui. Le régime capitaliste étant ce qu'il est, pour qu'il fonctionne, il faut obéir à ses lois. Ses lois, c'est le profit, c'est le risque individuel, c'est la liberté des marchés (...) » (12 novembre 1938).

1. Sabine Jansen, « L'apport des archives de Moscou à l'histoire du radicalisme », dans Serge Wolikow *et alii* (dir.), *Une histoire en révolution ? Du bon usage des archives de Moscou et d'ailleurs*, Dijon, EUD, 1996, p. 237-238.

Dans cette dynamique qui tourne le dos aux valeurs du Front populaire, le gouvernement Daladier signe, le 29 septembre 1938, les accords de Munich avec les Britanniques, les Italiens et les Allemands, livrant la Tchécoslovaquie – seule démocratie libérale, née au lendemain de la Grande Guerre, qui avait survécu en Europe centrale – aux appétits hitlériens.

Le PCF attaque alors violemment le Gouvernement, en particulier par l'intermédiaire de Gabriel Péri, qui dénonce la trahison à plusieurs reprises : « Le Gouvernement français estime-t-il que son rôle est celui de fossoyeur des traités qui protègent la France ? » (*L'Humanité*, 29 septembre 1939) et lors du vote de la ratification de ce traité à la Chambre des députés le 5 octobre : « Après Munich et le tribut payé au chantage à la guerre, la paix est-elle mieux garantie ? (...) Les forces de guerre l'ont emporté quand vous avez choisi de vous rendre à Munich. » Les accords sont tout de même ratifiés par 535 voix pour et 75 contre (l'ensemble du groupe parlementaire communiste auquel s'ajoutent Henri de Kerillis, député de la droite modérée, et Jean Bouhey député socialiste de Beaune).

Les radicaux quittent alors le Comité national du rassemblement populaire (12 octobre). Victor Basch se demande s'il faut dresser l'acte de décès du rassemblement populaire[1]... Peu après, le Parti radical-socialiste déclare qu'il refuse de « s'asseoir plus longtemps à la même table que ceux qui (l') accusent d'avoir trahi » (déclaration du 28 octobre).

Enfin, la « riposte ouvrière » a lieu le 30 novembre 1938, consommant ainsi la rupture. La CGT, appuyée par la SFIO et le PCF, décide d'organiser une grève générale pour protester énergiquement contre les décrets-lois et les accords de Munich. Daladier engage alors l'épreuve de force ; les gardes mobiles interviennent contre les

1. CAC Fontainebleau, 19940500/210 : Comité national de rassemblement populaire, 20 octobre 1938.

manifestants, le patronat licencie et la grève est un semi-échec : « comme en juin 1848, comme en mai 1871, mais sans effusion de sang, à la façon de 1920, le mouvement ouvrier a été brisé » (Antoine Prost).

La deuxième étape de la rupture a lieu en décembre 1938 ; les députés communistes et socialistes sont définitivement « rejetés dans l'opposition et le gouvernement Daladier s'appuie désormais sur une majorité d'union nationale allant des radicaux à la droite » (Serge Berstein). Ce virage est aussi révélateur d'une crise de la SFIO qui, depuis 1937, doit gérer ses propres contradictions et souligne aussi la surenchère communiste.

2. **Une gauche qui se radicalise ?** – La SFIO connaît depuis 1937 une crise importante. Des signes avant-coureurs peuvent être perceptibles dans la déclaration de Marceau Pivert du 27 mai 1936 : « qu'on ne vienne pas nous chanter des airs de berceuse : tout un peuple est désormais en marche, d'un pas assuré, vers un magnifique destin (...) ce qu'ils appellent du fond de leur conscience collective, des millions et des millions d'hommes et de femmes, c'est un changement radical, à brève échéance, de la situation politique et économique (...) ». Pivert et les siens dénoncent alors la SFIO à la remorque du gouvernement trahissant l'idéal socialiste. Cette fracture ne fait que s'accentuer et cela aboutit, comme l'a très bien montré Thierry Hohl, à la dissolution en avril 1938 de la Fédération de la Seine où les « pivertistes » sont majoritaires puis, au départ de la gauche révolutionnaire de Pivert, lors du XXXVe congrès de la SFIO à Royan (4-8 juin 1938), pour fonder le Parti socialiste ouvrier et paysan (PSOP).

Cette crise interne de la SFIO est également renforcée par les effets induits des accords de Munich qui provoquent « une fracture plus importante encore (...) parmi les tenants de la fermeté et les partisans des concessions » (Alain Bergounioux et Gérard Grunberg). Si la SFIO est alors secouée par la fin de l'alliance qui l'avait portée au pouvoir, les logiques de la radicalisation se lisent aussi au sein du PCF. Le parti communiste, qui profite du rassemblement et qui intègre définitivement la nation et la République entre 1935 et 1936, voit également émerger une contestation interne. De l'été 1937 au printemps 1938, le PCF apporte son soutien aux gouvernements présidés par les radicaux, malgré la multiplication de ses critiques qui concernent essentiellement la diplomatie et l'immobilisme face aux agressions des puissances fascistes, dénonçant une politique française à la remorque des initiatives britanniques. Toutefois, le PCF apporte encore son soutien parlementaire à Daladier. C'est dans ce contexte particulier que Maurice Honel, député de Clichy-Levallois, publie une lettre à Thorez dans laquelle il évoque « l'inquiétude grandissante, d'une angoisse même, quant à l'évolution de la situation en France et dans le monde » des ouvriers de l'usine Citroën et « si on ne tourne pas le dos au programme du Front populaire ». Il souligne que ces ouvriers « souhaitent plus de vigueur et certains expriment le désir d'aller au-delà de la formation du front populaire par la constitution d'un "front ouvrier" ou d'un "front révolutionnaire" ». Cette lettre, commandée par le secrétariat politique quelques jours plus tôt, invite à comprendre les enjeux du moment ; le parti soutient au Parlement le gouvernement Daladier, mais sur le terrain, il est aux côtés de la classe ouvrière en lutte. C'est un avertissement lancé au pouvoir, c'est aussi une manière de resserrer les rangs au sein du parti. Le 15 mai, Thorez répond longuement à cette lettre, en justifiant la politique du parti ; il faut rassurer la famille communiste. Il remercie vivement son camarade « attentif à l'esprit de ses mandants » et le rassure (et se rassure) sur l'actualité du Front populaire, en terminant par ses mots : « L'unité a été, elle EST et elle SERA la condition du succès. »

Dès lors, deux camps s'affrontent à gauche : ceux qui restent pacifistes et ceux qui, par antifascisme, sont dénoncés comme des bellicistes et « agents de l'étranger ». Le PCF se présente comme le gardien de l'identité du Front populaire qu'il s'efforce de réactiver à l'occasion de la commémoration du 150e anniversaire de la Révolution française au cours de l'été 1939, en exaltant la défense des valeurs patriotiques et démocratiques. Toutefois, il devra se plier au pacte germano-soviétique...

Chapitre VI

UNE NOUVELLE ÉTAPE DE L'ENTRÉE DU PEUPLE EN POLITIQUE

La séquence historique du Front populaire qui participe à « l'ère des masses » est synonyme d'une activité politique accrue. Les mobilisations des partisans du Front populaire ou celles des adversaires caractérisent la période 1934-1938, avec de nouvelles formes d'encadrement de masse, de propagande. C'est le temps de la bipolarisation, des espoirs face au temps des crises, mais également le temps de la haine partagée... Période intense de mobilisation et de politisation, le Front populaire est un moment spécifique de l'entrée en politique.

I. – Les nouvelles formes de l'engagement

Le milieu associatif et syndical constitue le premier vecteur du Front populaire. Face aux effets désastreux de la crise économique et sociale, mais aussi à la peur du coup de force fasciste, les associations ont une nouvelle jeunesse. Avec les solidarités croissantes liées à la crise des années 1930 et la riposte antifasciste, le Secours rouge, initié par l'IC au début des années 1920, se transforme en 1936 en Secours populaire de France et des colonies ; il élargit ainsi son champ d'action à tous les déshérités, chômeurs, femmes seules, malades sans ressources, enfants délaissés... Cette association, répondant aux attentes humanistes et sociales, passe alors de 40 000 adhérents en 1934 à plus de 180 000 en 1938 (Axel Brodiez). Ce militantisme est porteur de valeurs et des pratiques nouvelles qui se développent dans un espoir d'un monde meilleur.

Des associations plus anciennes connaissent un certain renouveau. En premier lieu, la LDH, qui compte plus de 2 400 sections et une centaine de fédérations (Emmanuel Naquet), participe, sous l'égide de son président Victor Basch, au rapprochement entre les forces progressistes dans un réflexe de défense républicaine. Assurant la liaison entre toutes les formations, la LDH est également le siège du rassemblement populaire, dans une volonté de « pondération et de conciliation » (Jean-Paul Brunet). La LDH est en quelque sorte l'aiguillon du rassemblement, mais aussi son élément unificateur. C'est le président de la LDH qui prononce son discours fondateur, celui du serment du 14 juillet 1935. La LDH publie également de nombreuses brochures ou articles. Dans son combat, elle est accompagnée par la LICA de Bernard Lecache. En métropole, comme dans les colonies, la LICA anime de nombreuses réunions et soutient activement l'unité antifasciste et de défense du modèle républicain.

Cette coalition d'associations ou ce cartel de groupements divers comprend également le RUP (Rassemblement universel pour la paix) né de l'agression italienne en Éthiopie, marqué par le souvenir de la Première Guerre mondiale et les principes de la Société des Nations. Le RUP, co-présidé par Lord Robert Cecil et Pierre Cot, revendique dès septembre 1936 plus de 400 millions d'adhérents dans le monde et se donne pour objectif de regrouper toutes les forces de paix autour de la SDN, avec une quarantaine d'organisations et 43 comités nationaux. Cet organisme profite totalement de la dynamique du Front populaire (Rachel Mazuy). Des radicaux, des socialistes, des communistes, des hommes et de femmes de gauche se côtoient en France au sein de ce rassemblement. Dans le cadre du RUP, un « immense congrès des paysans européens antifascistes et contre la guerre » est organisé en septembre 1936[1], qui décide de constituer

1. RGASPI, 536/1/271, conférence de Bruxelles du 3 au 6 septembre 1936.

un CICA (Centre international de coordination et d'action agraires), afin de défendre la paix et de peser sur la SDN. Mais son action reste limitée…

Les loges maçonniques liées aux radicaux, mais aussi à la SFIO, prennent aussi leur part dans les débats et le processus qui conduit au Front populaire ; les deux grandes loges (le Grand Orient de France et la Grande Loge de France) sont adhérentes au Rassemblement populaire. Ainsi, elles ont « appuyé et encouragé, au moins par le verbe et la mobilisation des francs-maçons, la constitution et mise en place du Front populaire » (Denis Lefevbre).

Dans cet élan multiforme, les comités locaux de rassemblement populaire participent à l'encadrement du peuple de France, donnant la parole politique dans de multiples réunions locales…[1] Dans le Cantal, le comité est présidé par Louis Meyniel, un « Républicain modéré mais pas modérément républicain », selon ses mots. Ainsi, c'est un sursaut qui dépasse largement les formations politiques, les partis ; l'unité se fait dans une dynamique plurielle.

II. – L'apogée des syndicats

La réunification de la CGT, qui accompagne le processus de front populaire et l'immense mouvement de grèves renforcent le syndicat, passant « d'un syndicalisme d'avant-garde à un syndicalisme de masse » (Morgan Poggioli). La CGT, qui compte au congrès de réunification de Toulouse, en mars 1936, 785 000 syndiqués, revendique mi-juin plus de 2 500 000 adhérents. À la fin de l'année 1936, 4 480 000 cartes confédérales ont été payées et 4 950 000 en 1937 et plus de 10 000 nouveaux syndicats ont été créés, représentant tous les secteurs d'activité. Le SNI, affilié à la CGT, tient également un rôle important, puisque les instituteurs sont le plus

1. Cette histoire reste à faire…

souvent mobilisés pour animer les comités locaux du Rassemblement populaire.

Les femmes font aussi leur entrée en « politique ». Si la nomination des trois sous-secrétaires d'État est une première et un symbole fort – d'autant qu'elles sont mineures pour deux d'entre elles puisqu'elles sont mariées –, c'est un « premier pas pour l'égalité des sexes », selon les mots de Blum, mais pour les féministes « trois hirondelles ne font pas le printemps » (Louise Weiss). D'autant que si les députés adoptent en juillet le droit de vote des femmes (avec un seul vote contre), le Sénat n'ouvre même pas le débat et enterre une nouvelle fois la question... Ainsi, le bilan de la condition des femmes au temps du Front populaire est nuancé : un progrès purement symbolique de leur citoyenneté politique, mais d'incontestables améliorations de leur citoyenneté sociale, puisqu'elles élisent, comme les hommes, les délégués du personnel, faisant leur expérience de la vie syndicale ; Rose Zehner, immortalisée par Willy Ronis, mène le combat syndical chez Citroën, comme bien d'autres qui participent aux mobilisations, aux grèves, aux manifestations et aux défilés.

Cette période qui caractérise « l'apogée de la CGT » (Antoine Prost), marque aussi une embellie pour la CTFC. Les syndicats accueillent de nouveaux adhérents et militants en nombre. L'essentiel des adhésions vient aussi des luttes menées au cours des grèves de mai, juin et juillet 1936. Si Pérès annonce 24 000 membres à la fédération de la métallurgie à son conseil national d'octobre 1936, le chiffre est surévalué, mais indique des gains importants d'adhésions que Frank Georgi a soulignés, puisque cette fédération passe de 12 232 membres en juin 1936 à 21 659 en décembre 1937...

Au-delà des gains, de nouvelles formes de militantisme voient le jour ; il faut former les adhérents, mais également occuper leurs loisirs. Un syndicalisme à base multiple voit ainsi le jour, conférant à la Fédération sportive et gymnique du travail (FSGT) un rôle important, puisqu'elle passe de 16 000 adhérents en 1934 à 160 000 en 1938. Cette nouvelle orientation concerne également le tourisme populaire ; grâce à la fusion, en novembre 1937, du bureau du tourisme de la CGT et de l'association mutualiste « Vacances pour tous » du SNI, on assiste à la naissance de Tourisme et Vacances. L'éducation populaire et le partage du bonheur pour tous expriment l'élan nouveau du syndicalisme, un engagement total, celui du « don de soi », qui caractérise aussi les combats de ceux qui partent défendre les armes à la main les républicains espagnols.

III. – À la vie à la mort, l'engagement des brigadistes

D'octobre 1936 à l'été 1938, 32 000 combattants ou 35 000, voire 40 000 (selon les différents historiens) de plus de 50 nationalités, dont près d'un tiers de Français – environ 10 000 Brigadistes, dont 3 000 sont tués lors des combats –, s'intègrent dans les Brigades internationales. Rémi Skoutelsky, grâce aux archives du Komintern, a pu proposer un portrait neuf des brigadistes : « ouvriers dans leur écrasante majorité ». Ils sont éloignés du mythe du jeune ou de l'adolescent romantique révolutionnaire : « plus de la moitié sont des hommes mûrs, entre 26 et 34 ans, ayant donc une vie familiale et professionnelle – avec plusieurs centaines de vétérans de la Grande Guerre ». Très souvent militants, les brigadistes sont loin d'appartenir tous à la mouvance communiste : « plus de la moitié sont membres du PCF ou des JC. Si l'on y ajoute les militants socialistes, anarchistes, trotskystes et les syndicalistes, on dépasse les 80 % ». Ils sont principalement issus des départements fortement urbanisés et industrialisés (un sur deux vient de Paris et de sa banlieue, le reste surtout du Nord-Pas-de-Calais, du triangle Lyon-Saint-Étienne-Grenoble, de la région de Marseille), « le grand Sud-Ouest (Midi-Pyrénées, Languedoc-Roussillon, Aquitaine) n'envoie que 5 % du contingent » (Rémi Skoutelsky). Aux côtés des Brigadistes, d'autres militants sont partis en

Espagne pour aider à la défense de la République. Tel Jean Longhi, jeune dessinateur industriel et ingénieur de 26 ans – dont le frère, Pierre, est conseiller général communiste de Montreuil –, qui est recruté par André Leblanc (*alias* Jean Jérôme), pour monter des usines d'armements (pistolet-mitrailleur de type Beretta) en Espagne. Il se retrouve ainsi à Albérique, près de Valence, et pendant deux ans, il participe activement au combat antifasciste.

L'expérience des brigadistes et des militants partis en Espagne s'achève par une parade d'adieux à Barcelone, le 29 octobre 1938 ; le gouvernement républicain de Juan Negrín, sur injonction du comité de non-intervention, retire les volontaires brigadistes du front. Cette cérémonie des adieux est devenue célèbre, grâce aux photographes, aux témoignages des brigadistes eux-mêmes, mais aussi grâce à Dolores Ibarruri : « (...) Camarades des Brigades internationales ! Des raisons politiques, des raisons d'État, l'intérêt de cette même cause pour laquelle vous avez offert votre sang avec une générosité sans limites, font que vous repartez, certains de vous dans leur pays, d'autres vers un exil forcé. Vous pouvez partir la tête haute. Vous êtes l'histoire, la légende, l'exemple héroïque de la solidarité et de la démocratie universelle (...) »

À leur retour, le Front populaire n'est plus qu'un souvenir en France, mais l'expérience des combats a marqué une génération qui participera activement à la Résistance.

IV. – **Les partis ou organisations politiques de masse**

L'élan à gauche est perceptible avant même les élections de 1936. Le pays est « électrisé » par la mise en place de l'unité des forces de gauches pour le Front populaire. Les effectifs des partis politiques soulignent cet attrait, même si l'essentiel des gains vient après les élections législatives et les premières grèves ; l'espoir suscité par la victoire électorale donne alors une nouvelle jeunesse aux partis politiques, un véritable coup de fouet aux organisations partisanes, comme si un verrou avait sauté. On évoque même la « génération du Front populaire » qui permet un accroissement des forces militantes, mais aussi un renouvellement des cadres, des dirigeants. Il est utile d'observer ce phénomène à l'échelle de chaque parti, ce qui peut souligner quelques différences et les congrès tenus au cours de la période mettent en lumière ces nuances.

Le vieux parti radical-socialiste, pilier du modèle républicain, est quelque peu en marge de ce mouvement ; parti d'élus, de notables, il n'engrange pas les principaux bénéfices de l'élan unitaire, étant même dépassé pour la première fois de son histoire par le parti socialiste à la Chambre des députés, gardant cependant sa mainmise sur le Sénat. Toutefois, les « jeunes turcs » du parti, qui sont les plus convaincus dans le mouvement, savent utiliser au mieux cette dynamique, comme Cot, Zay ou Mendès France. Mais le parti est dépassé sur sa gauche, ce qui choque les classes moyennes, alors attirées par les sirènes du PSF. L'aile droite du parti, dès le congrès d'octobre 1936, critique violemment Daladier et en mars 1937, le dirigeant de la fédération de Paris, Lucien Bauzin, qui a peur d'une prolétarisation des classes moyennes, déclare qu'il « n'y aurait plus qu'à fermer notre porte de la place de Valois et à clôturer la carrière si noble et si grande du Parti radical » (cité par Serge Berstein). Dès octobre 1937, à son congrès de Lille, le Parti radical prend une autre orientation, consacrant « le retour de la droite à la tête du parti et son orientation libérale »[1] (Sabine Jansen).

La SFIO, ayant alors le prestige de la victoire électorale, voit ses effectifs gonfler ; le parti passe de 110 000 militants en 1934 à 280 000 en 1937. La SFIO gagne surtout une implantation électorale à tous les échelons : les conseillers municipaux, les maires, les conseillers généraux, les

1. Sabine Jansen, « Le moment Front populaire : confrontations et recompositions », dans Noëlline Castagnez et Gilles Morin (dir.), *Socialistes et radicaux, querelles de famille*, Paris, L'OURS, 2008, p. 144.

députés et les sénateurs lui donnent une dimension nouvelle. Ainsi, le parti compte 1 375 municipalités, alors qu'en 1929 il n'en avait que 886 ; sur les 146 députés élus en 1936, près d'un député sur deux est un nouvel élu : 72 « nouveaux » et 74 « anciens » (Alfred Wahl) et au Sénat, où il ne restait que 7 sénateurs après la scission des néosocialistes, il gagne au renouvellement de 1936, 8 sièges et, « à la suite de quelques partielles, [il peut] approcher les 20 » sénateurs (Gilles Morin). Véritable parti d'élus et de militants, la SFIO incarne alors la République selon les espoirs de Jean Jaurès.

Le PCF, quant à lui, rencontre vraiment la nation. Phénomène bien connu depuis les travaux pionniers d'Annie Kriegel, confirmés par Philippe Buton, Stéphane Courtois et Marc Lazar, c'est le moment de l'envolée du parti. Roger Martelli évoque même la seconde implantation du parti qui passe d'une « implantation en archipel à une implantation nationale »[1]. Le PCF passe de 30 000 adhérents en 1933 à 290 000 dès 1937 et multiplie les organisations satellites de masses (ARAC, Mouvement Amsterdam-Pleyel, Secours populaire de France et des colonies, etc.), sans oublier son poids au sein de la CGT.

Les zones de force sont confortées du Nord vers l'Île-de-France (où la région parisienne compte 35 % des adhérents au parti en 1935 et 33 % de ses électeurs en 1936), de l'Est industriel et minier au Rhône, la Loire et le sillon alpin, le pourtour du Massif central (Dordogne-Limousin) et enfin la Gironde et le littoral méditerranéen. Ailleurs, il y a quelques bastions isolés ou bien des zones réfractaires. Cette implantation se fait surtout dans le monde ouvrier, la « banlieue rouge »... Au-delà des élections, les grèves ont amplifié les adhésions et la découverte de la politique ; il y a eu « conjugaison du mouvement politique et du mouvement social, au niveau du travail, au

1. Roger Martelli, *L'Empreinte communiste. PCF et société française, 1920-2010*, Paris, Éditions sociales, 2010.

niveau de l'usine » (Eric J. Hobsbawm). Lors des grèves aux usines Renault, « la banderole du comité central des grévistes » reprend le sigle du PCF (la faucille et le marteau), le bonnet phrygien et les trois flèches de la SFIO...

La figure de l'ouvrier communiste, en casquette, devient non seulement une référence, mais elle constitue une identité nouvelle avec la publication en 1937 de l'ouvrage qui va conditionner pour de nombreuses années sa marque, *Fils du peuple*, magnifiant la vie d'un fils d'ouvrier, d'un mineur, devenu le dirigeant du parti de la classe ouvrière, Maurice Thorez. Cet ouvrage est un succès : 25 000 exemplaires à sa sortie, 100 000 exemplaires en décembre 1937 et 130 000 en avril 1938. Cette culture militante forge des cadres nouveaux, mais donne aussi une éducation à tous ceux qui avaient été exclus du système scolaire ; c'est une véritable promotion sociale et culturelle qui est à l'œuvre : « nous voulons de véritables chefs ouvriers, populaires, et non pas de prétendus savants, des pédants enfermés dans leur tour d'ivoire ».

Face à cet afflux de militants, il faut savoir les former, les encadrer, les éduquer ; les écoles du parti sont alors rénovées. Un tel souci d'éducation populaire se concrétise par la réalisation à Montreuil du « musée d'Histoire vivante », sous l'égide de Jacques Duclos.

La presse du parti connaît une embellie : *L'Humanité* tire parfois à 700 000 exemplaires, sans oublier le renouveau de *Regard* qui, dans le photojournalisme, prend une place importante ; *La Terre* lancée en 1937 par Waldeck Rochet s'adresse aux ruraux.

« L'Internationale » se chante désormais avec « La Marseillaise », le drapeau rouge est associé au drapeau bleu blanc rouge ; cela constitue la marque du stalinisme à la française, qui sait fusionner l'héritage de la Grande Révolution de 1789-1793 avec celui du mythe d'Octobre 1917. Le film de Jean Renoir, *La Marseillaise*, pour le 150e anniversaire de la Grande Révolution, entièrement réalisé par une équipe technique de la fédération CGT du spectacle et qui réunit plus de 3 000 figurants, témoigne de cet engouement, où le peuple en lutte de 1789 rejoint celui du Front populaire en image positive, alors qu'en image négative, les « fascistes » évoquent les « émigrés », « les coblençards ».

Cette rencontre entre le PCF et le peuple de France est mise en scène lors du « grandiose défilé des provinces françaises » de la fête de *l'Humanité* en 1936 et lors du congrès d'Arles en décembre 1937, où l'on défile avec les « costumes traditionnels ». Toutefois, le PCF doit, à partir de cette période, en s'alignant sur les consignes de Moscou, être vigilant vis-à-vis des militants qu'il qualifie de trotskystes, alors que ces derniers se revendiquent bolchevik-léninistes ; on leur interdit l'appellation « communiste ». À plusieurs reprises, on peut lire dans les archives du Komintern, une mise en garde face à ces « traîtres », qu'il faut surveiller, exclure, mais cela reste marginal. Toutefois, cette quête identitaire et d'appropriation d'un espace militant peut aussi engendrer une lutte sans merci et, tout spécialement, dans le fief de Saint-Denis, contre les renégats doriotistes...

Deux organisations de jeunesse accompagnent la SFIO et le PCF. À la SFIO, les jeunesses socialistes regroupent environ 50 000 adhérents et s'emploient à lutter contre le fascisme ; les plus jeunes se retrouvant chez les « faucons rouges ».

Entre 1933 et 1935, la JC fait plusieurs propositions d'actions communes aux JS. Cet élan est vite brisé, d'abord par le refus des organisations socialistes, mais aussi par le revirement de l'IC qui condamne les initiatives prises par les JC. Raymond Guyot, alors dirigeant de la JC, est convoqué à Moscou en décembre 1934 pour s'expliquer devant le présidium du CEIC. Il sort réconforté de cet entretien puisque, dans la tactique du moment, le PCF avec Thorez et Fried est un laboratoire de la nouvelle ligne du Komintern qui va déboucher sur la priorité à la lutte antifasciste au Front populaire. Quelques semaines plus tard, le 22 mars 1935, la JC et la JS signent un pacte national d'unité d'action. Cette ligne politique est clairement renforcée par les décisions prises au VIIe congrès de l'IC qui définit clairement l'orientation de lutte antifasciste ; le VIe congrès de l'ICJ entérine à son tour cette ligne en septembre 1935[1].

Profitant de l'élan du moment, la JC propose une fusion avec les JS qui déclinent l'offre. Mais cet échec n'annihile point les velléités communistes qui, opérant le tournant bien connu du Front populaire en s'adressant à la Nation tout entière, vont même tendre la main aux « fascistes d'hier » : « Nous te tendons la main, jeunes volontaires nationaux » titre *L'Avant-Garde* du 18 juillet 1936.

Dans cette perspective unitaire, mais aussi de dilution de l'organisation – peut-on toutefois évoquer la « dépolitisation » comme le suggère la jeune historienne Céline Sanchez ? –, la JC se propose de répondre aux revendications essentielles de la jeunesse, « le développement physique et moral ». La place du sport, des loisirs et de la culture devient un enjeu que Raymond Latarget, dirigeant de la JC rappelle à tout moment. Pour lui, il faut que chaque dirigeant de la JC sache « monter une tente, équiper un vélo de cyclotourisme [...], avoir le goût pour le chant et la musique » (Pascal Ory).

Cette politique volontariste de la JC touche également la fondation des maisons de la culture : au congrès de Marseille de la JC, on demande explicitement à tous les jeunes de la JC de « se mettre en liaison avec les MJC ». L'orientation nouvelle de la JC touche aussi le service militaire ; il ne s'agit plus de dénoncer l'armée bourgeoise, comme dans les années 1920, mais de lutter pour de meilleures conditions d'existence des jeunes soldats et marins, afin d'obtenir une « nourriture saine et abondante, un mois de permission avec gratuité des transports » et de vanter « l'armée du peuple ». Cette mutation des JC conduit à la création d'une branche paysanne et d'une branche des jeunes filles...

1. RGASPI 533/10/3337.

L'éclatement en plusieurs branches spécifiques, la volonté d'être accessible au plus grand nombre, associés à la ligne du Front populaire sont une réussite : en janvier 1935, les JC comptent 18 000 adhérents, en janvier 1936 plus de 30 000 pour atteindre le chiffre de 100 000 en 1937.

Mais l'entrée en politique se fait aussi à droite par rejet ou par peur du Front populaire. Si les partis de gauche connaissent une véritable embellie sous le Front populaire, la réorganisation des ligues après leur dissolution en partis politiques est aussi un fait marquant de la période, pendant trop longtemps minoré dans l'approche historiographique. Profitant du traumatisme causé par la défaite électorale des droites, auquel s'ajoute la peur des occupations d'usines, ces nouveaux partis bénéficient d'une certaine radicalisation des droites. Dans un premier temps, le Front national se constitue face au Front populaire, mais il échoue. C'est alors d'autres coalitions qui voient le jour, portées par les nouvelles formations politiques.

Une enquête diligentée au cours de l'été 1935 par le ministre de l'Intérieur de l'époque, Albert Sarraut – un an après les événements du 6 février 1934, au moment où se forge l'alliance du Front populaire – est riche d'enseignements, car le ministre propose de surveiller les mouvements qui menacent l'ordre, mettant ainsi sur le même plan les ligues d'extrême droite que les groupements antifascistes. Cette enquête, rendue disponible il y a peu grâce au retour des archives restituées par la Russie à la France, a fait l'objet d'une étude par Aude Chamouard et Gilles Morin. Il s'agit d'un véritable état des lieux, soulignant les lignes de force et de faiblesse de ces organisations, un an avant leur dissolution. L'Action française et les Croix-de-Feu sont les deux ligues d'envergure nationale, implantées sur tout le territoire métropolitain et colonial, qui ne sont pas groupusculaires comme la Solidarité française, les Jeunesses Patriotes et le Francisme. L'Action française, qui est sur le déclin depuis sa condamnation en 1926, compte plus de 42 000 membres sur les 75 départements répertoriés par l'enquête ministérielle (qui ne prend pas en compte la Seine) ; il faut alors penser qu'elle se situe à environ 60 ou 70 000 membres, alors que les Croix-de-Feu sont en plein essor avec 85 730 membres – ce qui équivaut pour l'ensemble des organisations apparentées à la ligue du colonel de La Rocque à 228 000 membres (Albert Kechichian). Les trois autres formations comptent respectivement 12 000 membres (Jeunesses patriotes), 11 149 membres (Solidarité française) et 7 800 (Francistes de Bucard) ; estimations auxquelles il est nécessaire d'ajouter les adhérents de la région parisienne, mais ces trois ligues arrivent loin derrière.

L'Action française est la première ligue dissoute dès février 1936, après l'attentat contre Blum. Toutefois, l'organe de presse est maintenu et les associations non dissoutes comme les « Dames royalistes et d'Action française » ou « l'Union corporative automobile » servent de refuge. Puis, les monarchistes maurassiens mettent en place des cercles locaux. Quant aux ligues dissoutes après la victoire du Front populaire, en juin 1936, on assiste rapidement à leur retour sur la scène politique sous forme de partis.

Le colonel de La Rocque, qui fonde le PSF à partir de la Ligue des Croix-de-Feu, obtient très vite de bons résultats. Mettant en avant dans son programme « le social et le national », il capte tout un électorat qui est choqué par les grèves et les occupations d'usine. Très vite, il revendique plusieurs centaines de milliers d'adhérents et, en 1938, il a 1,2 million de membres. Parti de masse, il incarne alors une alternative au Front populaire. Est-ce pour autant un parti fasciste comme le suggère Robert Soucy ? La réponse est aujourd'hui tranchée par la négative. Le PSF est une « tentative, très élaborée, de rassembler à terme toutes les droites dans une même organisation », dont la philosophie principale repose sur le catholicisme national, rallié à la République, mais très antilaïc et antimarxiste (Gilles Richard). Les travaux de Jean-Paul Thomas sur le PSF permettent de mieux saisir l'originalité du parti qui comporte près d'un tiers de femmes, ouvert aux classes moyennes, mais aussi aux ouvriers (comptant un quart d'adhérents ouvriers dans le Nord). Surtout, le parti s'emploie à rester « attrape-tout » et cultive sa « capacité récupératrice »[1], en se présentant comme le parti réconciliant la nation française ; il récupère non seulement les anciens ligueurs, mais aussi les déçus du Front populaire jugé « comme trop partageux », grignotant le socle militant et électoral des radicaux, celui des notables de province, des professions libérales. Le PSF est alors un parti de droite, véritable parti de masse[2].

À côté du PSF, apparaît dès juin 1936 le PPF de Jacques Doriot. L'histoire de ce parti, qui pendant longtemps a été analysée par les historiens en fonction de la dérive de son principal dirigeant portant l'uniforme allemand en 1943 sur le front de l'Est, doit être revisitée en repérant au mieux la chronologie de la dérive pour saisir les ruptures. Considéré comme le seul « parti authentiquement fasciste » (Pierre Milza) ou comme « la forme la plus approchée d'un parti de type fasciste » (René Rémond), cette classification, comme l'a judicieusement présenté récemment Laurent Kestel dans sa thèse de science politique, est essentiellement « déduite d'une lecture rétrospective ».

Ce parti, revendiquant l'ordre et l'anticommunisme, a constitué un rempart face au Front populaire. Toutefois, avant de s'imposer dans le champ politique, il a dû évoluer en fonction du « regard de l'autre » ou, comme le propose Laurent Kestel, « de l'ensemble des assignations identitaires, dont il a été progressivement affublé » : pour les communistes, dans un premier temps, il s'agit d'une trahison, d'une classique dérive d'ex-communistes limitée à Saint-Denis. D'ailleurs, le PCF s'emploie à isoler les traîtres et à reprendre l'espace politique dionysien. Puis,

1. Jean-Paul Thomas, « Le Parti social français, élément majeur d'une refonte du système de contrôle politique des droites à la fin des années trente ? », dans Gilles Morin et Gilles Richard (dir.), *op. cit.*, p. 134.

2. Il est l'ancêtre et la matrice du RPF selon Jean-Paul Thomas.

très vite, comme avec ses alliés socialistes, il considère que le PPF est un parti fasciste. Ainsi, celui qui avait eu raison trop tôt en 1934, face à la direction communiste, en proposant un front unique antifasciste avec les socialistes est assimilé aux ligues, au fascisme… Mais pour les droites et les ligues, il est perçu comme un « communiste dissident ». C'est sur cette ambivalence et ce paradoxe que se forge l'identité du PPF. Les enjeux du moment, alors que le PPF se veut « ni de droite ni de gauche », conduisent ce parti à revendiquer comme principal ciment, l'anticommunisme, donc l'antifront populaire. C'est en ce sens que Doriot propose, dès 1937, le « Front de la liberté » aux autres formations de droite ayant recours à l'antisémitisme maurassien, en s'alliant avec la Fédération républicaine, le PAPF et le Parti républicain national et social (PRNS) de Taittinger pour contrer l'hégémonie du PSF, qu'il présente alors comme le parti des « nouveaux radicaux »… L'inimitié, les divisions caractérisent également les droites. Le PPF accepte de fait la labellisation « fasciste », découlant de sa dérive et s'enorgueillit d'avoir, en 1938, 300 000 adhérents (sans doute 60 000 selon Philippe Burrin), et là aussi issus des milieux populaires et prolétaires…

La fascination du chef, qui caractérise les mouvements d'extrême droite, se retrouve aussi au sein de ses Chemises vertes, véritable bras armé de la réaction dans le monde rural. Dans une lettre adressée à Dorgères, le 28 août 1937, l'un de ses lieutenants écrit : « Mon Chef, Jeudi soir j'ai porté la contradiction à un communiste […] le malheur, c'est que je n'ai pas eu le temps d'alerter mes gars, mais dès hier, j'ai lancé un ordre à tous mes chefs de régions les priant de surveiller de très prêt [*sic*] leur région. »[1] La vigilance des troupes de Dorgères glisse aussi vers le coup de poing. Dans son livre, publié en 1935, *Haut les fourches*, qui popularise son action

1. AM Rennes, Fonds 2 Z Dorgères, lettre de H. Gautier du 23 août 1937.

contre le Rassemblement populaire, Dorgères vante la violence comme seul recours face à l'État tout-puissant, au fisc, réifiant les logiques des jacqueries et des émotions rurales. Il fait alors adopter aux Chemises vertes une ligne de conduite simple, celle de la disponibilité permanente, résumée par ce slogan : « croire, obéir, servir »...

Pourtant, à droite, l'Alliance républicaine et démocratique (ARD) présidée par Pierre-Étienne Flandin refuse cette logique des blocs et de l'affrontement, préférant jouer la carte du « centrisme » (Gilles Richard), de la « concentration républicaine », afin de diviser l'alliance parlementaire du Front populaire en récupérant les radicaux... Cependant, ce « centrisme peu orthodoxe »[1] s'emploie à présenter le général Franco et son camp comme fréquentables dès 1937, puisqu'il essaie de sauver le pays d'une coalition qui s'est « installée par la fraude et la violence » (*Le Petit Journal,* 20 octobre 1937).

L'existence de partis de masse, tant à droite qu'à gauche, témoigne de la vitalité du débat politique, de la foi en l'engagement militant et dans la parole politique, mais souligne également les logiques de la bipolarisation où s'affrontent les courants antifascistes et anticommunistes.

V. – **Rites et rituels politiques, symboles, gestes et combats**

Les rites traditionnels de la République, comme les banquets ou les réunions publiques où l'on accepte la contradiction sont encore prisés, mais les meetings, les rassemblements et les manifestations de rue scandent

1. Arnaud Chomette, « Sauver une France libérale : Pierre-Étienne Flandin entre stratégie centriste et attraction autoritaire », dans Gilles Morin et Gilles Richard (dir.), *op. cit.*, p. 120.

davantage la période. Danièle Tartakowsky dénombre, entre le 13 février 1934 et le 5 mai 1936, « 1 063 attroupements, cortèges ou manifestations » à l'exclusion des processions religieuses et des cortèges des 14 juillet et 11 novembre... Lieu de revendication, d'expression, mais aussi de sociabilité nouvelle et de culture partagée, la manifestation devient un rite politique affirmé.

Chaque manifestation ou rassemblement du Front populaire, comme la « montée » au Mur des fédérés, chaque dernière semaine de mai, participe au renforcement d'une culture commune, à des pratiques identitaires ; même Blum est pris en photographie le poing levé. Henri Noguères restitue parfaitement l'atmosphère de ces manifestations, où la « foule emplissant les plus larges artères de Paris pour des défilés commencés dans la lente et majestueuse solennité d'une marche consulaire et s'achevant au pas de charge, lorsque les derniers groupes atteignent au crépuscule (...) » la fin du parcours. Ces cortèges des militants, lors des « grands rendez-vous traditionnels du calendrier républicain et révolutionnaire », empruntent le trajet Bastille-Nation, mais aussi de nouveaux lieux, en particulier pour commémorer dès 1935 l'anniversaire du 12 février 1934.

Le cimetière du Père-Lachaise devient même un haut lieu de la culture communiste ; prolongeant le souvenir des Communards, les enterrements des figures du PCF se font à partir de ce moment dans ce panthéon du mouvement ouvrier. En 1937, la mort de Paul Vaillant-Couturier, rédacteur en chef de *L'Humanité*, député-maire de Villejuif, est l'occasion d'un recueillement grandiose qui soude l'identité communiste. Les obsèques, le 16 octobre, ont rassemblé plus de 500 000 personnes et *L'Humanité* titre : « Jamais pareil cortège ! ».

Si le deuil, le recueillement soudent la famille communiste, d'autres formes de sociabilité et de cohésions existent. Les chansons déjà évoquées, mais aussi « la Jeune garde » accompagnent les différents cortèges. La rue est le théâtre des défilés cadencés, ordonnés selon un rituel précis ; véritables défilés paramilitaires pour les ligues d'extrême droite au commandement d'une hiérarchie incarnant l'élite nouvelle. Les défilés des Croix-de-Feu et des Briscards dans les rues parisiennes – comme le montrent les photographies prises depuis les hauteurs – répondent à une parfaite maîtrise de l'espace, à un défilé minuté en phalanges. Si la fascination de l'ordre militaire est présente avec les chants, les drapeaux, les insignes, les Croix-de-Feu, tout comme l'Action française, s'emploient à utiliser les moyens modernes de locomotion en associant aux défilés les automobiles.

Les insignes et les signes identitaires complètent la délimitation des camps politiques. Toute une panoplie d'insignes voit le jour : la tête de mort sur croix de guerre des Croix-de-Feu ; le flambeau sur les couleurs nationales du Mouvement social français ; toujours le flambeau des Volontaires nationaux ; le glaive traversant de haut en bas un casque gaulois ailé des Jeunesses patriotes ; etc. Puis, le PSF prend pour insigne une épingle sur laquelle la carte de France est traversée par les trois lettres du parti (imprimée en tricolore). Les équipes de choc du PSF ou « équipes volantes » (services d'ordre et propagande) ont aussi leur insigne.

À gauche, les militants ou sympathisants peuvent arborer les trois flèches de la SFIO, empruntées aux antifascistes allemands pour barrer la croix gammée des nazis sur les murs. Cette symbolique a été importée par Serge Tchakhotine et reprise par Marceau Pivert et la fédération de la Seine ; les JS portent même un brassard avec les trois flèches. La faucille et le marteau du PCF, mais aussi l'étoile à trois branches du mouvement Amsterdam-Pleyel qui peut également être imprimée sur le bonnet phrygien, complètent la panoplie. Ce bonnet hérité de 1789 devient le symbole du Front populaire, lors de la grande manifestation du 14 juillet 1935 qui s'en prend aux « nouvelles Bastilles »...

Chaque fête, chaque meeting ou manifestation est le lieu de diffusion de ces symboles ; une très belle photographie prise en 1935 montre six rangées de tables autour desquelles les militants et les militantes s'affairent pour les préparer avant la vente[1]. On les porte fièrement à la boutonnière ou épinglés sur les vêtements. Ces insignes s'accompagnent parfois de tenues vestimentaires particulières. Les troupes paramilitaires de l'extrême droite sont repérables, marquent les esprits avec leurs bérets, leurs uniformes, leurs baudriers et surtout leurs couleurs spécifiques – en particulier des chemises –, en imitant les autres organisations fascistes ou autoritaires européennes : ainsi, les francistes de Bucard avec leurs chemises bleues (associées à un pantalon bleu marine, une cravate, un baudrier et un béret), etc. Même à gauche, on retrouve cette pratique de l'identité vestimentaire. Les JS portent une tenue distincte et se dotent d'un véritable service d'ordre, les jeunes gardes socialistes (JGS), pour protéger les réunions, les diffusions de journaux et surtout pour « interdire aux fascistes de tenir la rue ». Les JGS savent « jouer des poings, manier la canne ou la matraque » et portent une tenue spécifique composée « d'un béret, d'une chemise bleue, d'une cravate rouge, d'une ceinture de cuir, d'une culotte de cheval kaki, de bottes et de l'insigne des trois flèches »[2].

On retrouve les mêmes codes pour le service d'ordre de la SFIO (appelé « TPPS », toujours prêt pour servir) qui généralement protège au bas de l'estrade les orateurs lors d'un meeting. Ce service d'ordre est habillé en bras de chemise et en cravate. Comme tout service d'ordre de la période, il sait non seulement manier les sports de combat, mais aussi utiliser les armes de poing. À l'extrême droite, « les chevaliers de la canne et de la matraque » (Henri Noguères) font régner l'ordre dans la rue. On aime

1. Photographie publiée par Françoise Denoyelle *et alii*, *Le Front populaire des photographes*, Paris, Éditions Terre Bleue, 2006, p. 63.

2. Christine Bouneau, « La jeunesse socialiste SFIO à l'épreuve de l'entre-deux-guerres », *in* Jeunesse, éducation et religion au XXe siècle en mémoire à Alain-René Michel, *Revue du Nord*, n° 23, 2009, p. 230.

aussi posséder son arme de poing, son revolver ou son pistolet, tel Bucard, qui s'emploie à vanter l'esprit combattant pour un ordre nouveau, en magnifiant son revolver, « son meilleur ami », qu'il a reçu des mains de son chef sur le front (*Le Franciste*, 20 janvier 1935).

Ces logiques identitaires sont également symbolisées par une gestuelle particulière ; aux « bras tendus » répondent les « poings levés » (Philippe Burrin). Le poing levé arrivé d'Allemagne se répand après 1934 comme un « rite de masse » (Gilles Vergnon), symbolisant l'antifascisme. Les différentes photographies de la période soulignent comment un geste se généralise par mimétisme : de Blum au poing levé au Mur des fédérés en mai 1936, aux jeunes enfants et jeunes femmes du village d'Irancy dans l'Yonne, le peuple de gauche s'empare de ce geste qui devient une référence du Front populaire, mise en chanson par les militants socialistes « Levons le poing, le fascisme en déroute ne viendra pas arrêter le progrès » (1936).

À plusieurs reprises, on a pu souligner l'enjeu de la parole, de l'invective et de l'insulte. Toutefois, cette ambiance passionnée et délétère est accompagnée de violences physiques. L'attentat contre Blum témoigne de cet engagement particulier.

Les combats de rue en villes ou les rixes à la campagne, les échauffourées lors de réunions contradictoires, parfois les attentats (comme ceux de La Cagoule) ont également scandé cet affrontement idéologique. Un dépouillement attentif de la presse nationale ou locale montre ces violences au quotidien qui témoignent également d'un engagement sans faille pour des valeurs ; à l'antifascisme répond l'anticommunisme, délimitant ainsi des camps bien clos. Toutefois, l'antifascisme connaît une crise importante ; faut-il envisager une riposte belliciste ou faut-il garder le pacifisme né de l'horreur de la Grande Guerre ? Cette querelle divise durablement le Front populaire et permet de comprendre les enjeux de la guerre d'Espagne. Récemment, l'historien américain

Stephen Koch[1] a insisté sur la manipulation soviétique à l'œuvre ; pour lui, la collaboration entre Hitler et Staline n'a pas commencé avec le fameux pacte de l'année 1939, mais beaucoup plus tôt, sur un plan clandestin, elle aurait fonctionné dès l'année 1933 ! Le mouvement antifasciste ne serait qu'une façade érigée sur l'ordre de Staline désirant camoufler la politique terroriste qu'il pratiquait en URSS pour éliminer l'opposition et consolider sa dictature. Il est certain que les grandes purges ont lieu au même moment, que Willy Münzenberg, émissaire de l'IC, a un rôle non négligeable dans la mise en place des réseaux antifascistes, mais cette thèse ne tient pas à l'épreuve des faits. On peut effectivement distinguer plusieurs antifascismes, très différents entre eux. Mais chez « les communistes, la principale nouveauté de l'antifascisme qui s'imposa à partir de 1934 pour être officialisé en 1935 consistait dans le fait qu'il incluait désormais la défense de la démocratie "bourgeoise" et une politique d'alliances non seulement avec les socialistes, mais aussi avec des partis "bourgeois" »[2].

Cette défense de la démocratie peut être conjoncturelle, mais elle permet de trouver un terrain d'entente avec d'autres forces politiques et, surtout, d'envisager une riposte du mouvement ouvrier et plus largement des forces démocratiques face au danger du moment, après l'onde de choc de 1933. Au-delà des arrière-pensées soviétiques – ou supposées comme telles –, l'antifascisme se divise sur la question du pacifisme. Effectivement, le courant pacifiste a irrigué les années 1930 pour arriver « au face-à-face paralysant entre "munichois" et "antimunichois" qui a dominé la vie de la SFIO, après l'automne 1938, le parti avait commencé à se dissoudre » (Alain Bergounioux). Cette fine analyse qui concerne la SFIO peut être appliquée

1. Stephen Koch, *La Fin de l'innocence*, Paris, Grasset, 1995.

2. Bruno Groppo *in* Serge Wolikow et Annie Bleton-Ruget (dir.), *Antifascisme et nation. Les gauches européennes au temps du Front populaire*, Dijon, EUD, 1998, p. 73.

à l'ensemble des forces se réclamant du Front populaire à l'exception notoire des communistes.

Des cultures politiques marquées et une politisation par l'affrontement caractérisent alors le Front populaire. Après l'effondrement de juin 1940, le vote des pleins pouvoirs constitutionnels par les parlementaires présents le 10 juillet à Vichy, mais aussi par les logiques de la Résistance, l'esprit du Front populaire est à nouveau à l'ordre du jour. Pour Pétain, il s'agit de prendre sa revanche sur cette période néfaste, et pour les résistants de remobiliser l'antifascisme dans la lutte armée.

CONCLUSION

> « On saurait difficilement exagérer l'émoi que, dans les rangs des classes aisées, même parmi les hommes en apparence les plus libres d'esprit, provoqua, en 1936, l'avènement du Front populaire... Une longue fente, séparant en deux blocs les groupes sociaux, se trouva, du jour au lendemain, tracée dans l'épaisseur de la société française. »
>
> Marc Bloch,
> *L'Étrange défaite.*

Pendant longtemps, l'historiographie a tenté de répondre à la question sur la réussite ou l'échec du Front populaire, reprenant à son compte les interrogations de l'époque, mais aussi celles initiées par le régime de Vichy qui, à Riom, a tenté en vain le procès de Blum et de la République. Dès lors, la légende noire du Front populaire s'imposait. *A contrario*, les héritiers politiques du Front populaire ont magnifié ses réalisations sociales pour les inscrire au panthéon des gauches. Raisonner uniquement dans cette optique « d'échec ou de réussite » ne permet pas d'envisager le Front populaire dans toutes ses dimensions. Si l'on se limite à son slogan « pain, paix, liberté », on peut effectivement mesurer les écarts entre les réalisations et les objectifs, les désillusions face aux espoirs suscités, voire son relatif échec face aux fascismes européens. Mais il faut envisager les forces de résistance, les peurs, les combats qui ont freiné ou contrarié la mise en œuvre des réformes. Est-ce pour autant une trahison des élites qui conduit à cet échec ?

Une autre question a parfois hanté les historiens : s'agit-il d'une révolution ? « (...) Devant nous s'est ainsi posée la question, un peu scolastique, de savoir s'il n'y a pas eu, en juin 1936, une sorte de révolution. Gardons-nous de l'emphase : juin 36 n'est évidemment pas 89 ; ni même février 48. Et d'ailleurs, aucun des partis du Front populaire ne songeait à "faire la révolution". Mais à vrai dire, les états-majors n'y songeaient pas davantage à la veille de 89 et de 48. Sans parler de 1830 ! La vérité, c'est que les apparences, la dimension et la répétition des événements avaient quelque chose de solennel. C'est que la forme théâtrale de la victoire et la totalité de la victoire avaient un petit goût de révolution. »[1]

Ce petit goût de révolution doit être compris dans plusieurs sens. Tout d'abord, la reconnaissance de la démocratie sociale est un enrichissement du modèle républicain qui sera poursuivi ultérieurement. Il s'agit d'une révolution au sein de la société française, où les formes traditionnelles d'exploitation ont pu être modifiées par la loi. De fait, le Front populaire ouvre une séquence historique plus longue, qui trouve son débouché dans le programme du Conseil national de la résistance, et qui est mise en œuvre à la Libération, sous la IVe République. L'humanisme affiché du Front populaire et les conquêtes sociales sans précédent sont alors prolongés, enrichis entre 1944-1946.

Ensuite, ce moment du Front populaire inaugure un temps nouveau ; celui de l'unité possible entre les gauches qui étaient restées divisées depuis 1920. Alors que les « frères ennemis » se combattaient depuis la scission, l'union est envisageable et peut fonctionner. Thorez a incarné à plusieurs reprises cette responsabilité nouvelle du PCF, lors des grèves en mai-juin 1936, mais aussi lors de la pause de 1937, lorsqu'il déclare au comité central du parti le 12 mars, « il faut grogner, mais il faut marcher ». Parti responsable, le PCF n'est plus seulement le parti bolchevik aux yeux des autres formations de gauche ; certes, cette vision est toujours

1. Ernest Labrousse, *Léon Blum chef de gouvernement*, Paris, A. Colin, 1967, p. 414-415.

celle des droites, mais son insertion dans la République date véritablement de cette période charnière. Cette unité, qui a réalisé un comité d'entente, où le PCF pense à la « fusion organique », laisse des traces profondes. En 1944, à l'initiative de la SFIO de Daniel Mayer, naît un nouveau comité d'entente qui disparaît à cause de l'hégémonie communiste et de la guerre froide, mais qui renaît plus tard sous la forme d'un dialogue doctrinal, avant de déboucher sur le programme commun de gouvernement. Même si, dans cette mémoire, il ne faut pas oublier que le mot « pause » laisse un « souvenir amer : il rappelle la fin d'un espoir, d'un élan, le début d'une capitulation »[1].

Enfin, c'est un moment fort de découverte du peuple de France, de la culture pour tous. L'histoire est revisitée, en particulier celle de la matrice de la Révolution française qui est magnifiée ; la fête du 14 juillet 1935, où les participants prêtent le « serment solennel » rejouant la fête de la fédération de 1790. Ainsi, ce mouvement culturel et éminemment politique renforce l'acceptation populaire de la République ; une République du droit au bonheur pour tous. Toutefois, cette séquence historique est aussi marquée par une bipolarisation accrue, celle d'un rejet du Front populaire qui conduit à des violences. Les convictions trempées dans l'adversité politique, la confiance cimentée par la haine partisane ont alors préparé l'engagement futur pour la plupart des partisans du Front populaire dans l'armée des ombres, alors que certains adversaires – mais pas tous, loin s'en faut – ont sombré dans la revanche, en s'associant aux exactions du gouvernement de Vichy contre les responsables de la catastrophe, en prônant la Révolution nationale, mais aussi les crimes, les assassinats, comme celui de Marx Dormoy en juillet 1941...

1. Robert Frank, « La gauche sait-elle gérer la France ? (1936-1937/1981-1984) », *Vingtième siècle. Revue d'histoire*, n° 6, avril-juin 1985, p. 6.

Au-delà du caractère national, le Front populaire a une résonance mondiale, en Europe, mais aussi en Amérique latine et en Asie, selon des temporalités et des modalités décalées. Surtout, les mémoires de l'événement ont nourri les droites et les gauches ; pour les droites, il y a sur le temps long une véritable aversion, alors que pour les gauches, ce n'est pas si simple. À la SFIO, il « fallut attendre que le temps ait fait son œuvre pour que, par-delà les divergences entre les tendances, 1936 devînt un bien commun, point de passage exaltant d'une histoire socialiste, sinon idéalisée, du moins univoque » (Alain Bergounioux). Ainsi, l'affiche de François Mitterrand en 1981, intitulée « la force tranquille » devant un village de France où l'on distingue la petite église du village de Sermages dans la Nièvre – que d'aucuns ont souvent interprétée comme la France éternelle des terroirs de Vichy – est peut-être aussi un clin d'œil au Front populaire, en reprenant les mots de Blum, et en les insérant dans la cellule de base de la République, la « Petite Patrie », sans négliger, il est vrai, l'esprit de clocher.

Pour le PCF, le Front populaire est une référence pour les moments de l'unité retrouvée à l'image de la Libération et du tripartisme et enfin du programme commun de la gauche, voire de la gauche plurielle, où la « classe ouvrière » mobilisée, en lutte peut obtenir plus de justice sociale, mais, lors des périodes de repli sectaire, l'image de la trahison des socialistes et surtout de Blum est mise en avant. À l'extrême gauche, on décline le plus souvent la « révolution trahie », selon les mots de Trotsky.

Malgré tout, ce moment reste une expérience de gestion unitaire, devenue mythique, qui a permis de « changer la vie » de la majorité du peuple de France…

BIBLIOGRAPHIE

« 1936-2006 : recherches sur le Front populaire », *Recherche socialiste*, n° 35, 2006, p. 3-109.

Agulhon Maurice, *Les Métamorphoses de Marianne. L'imagerie et la symbolique républicaines de 1914 à nos jours*, Paris, Flammarion, 2001.

Ayache Albert, « Les grèves de juin 1936 au Maroc », *AESC*, n° 3, 1957, p. 418-429.

Bard Christine, *Les Filles de Marianne : histoire des féminismes, 1914-1940*, Paris, Fayard, 1995.

Barral Pierre, *Les Agrariens français de Méline à Pisani*, Paris, Armand Colin, 1968.

Becker Jean-Jacques et Candar Gilles, *Histoire des gauches en France*, Paris, La Découverte, 2004 (2 volumes).

Bensoussan David, *Combats pour une Bretagne catholique et rurale. Les droites bretonnes dans l'entre-deux-guerres*, Paris, Fayard, 2006.

Bergounioux Alain et Grunberg Gérard, *L'Ambition et le remords : les socialistes français et le pouvoir : 1905-2005*, Paris, Fayard, 2005.

Berstein Serge, *Léon Blum*, Paris, Fayard, 2006.

Bodin Louis et Touchard Jean, *Front populaire 1936*, Paris, Colin, 1972.

Bouvier Jean (dir.), *La France en mouvement : 1934-1938*, Seyssel, Champ Vallon, 1986.

Brodiez Axel, *Le Secours populaire français, 1945-2000 : du communisme à l'humanitaire*, Paris, Presses de Sciences Po, 2006.

Brunet Jean-Paul, *Histoire du Front populaire : 1934-1938*, Paris, PUF, coll. « Que sais-je ? », 1991.

Burrin Philippe, *Fascisme, nazisme, autoritarisme*, Paris, Le Seuil, 2000.

– *La Dérive fasciste : Doriot, Déat, Bergery : 1933-1945*, Paris, Le Seuil, 2003.

Chanet Jean-François, *L'École républicaine et les petites patries*, Paris, Aubier, 1996.

Charle Christophe, *La Crise des sociétés impériales. Allemagne, France, Grande-Bretagne, 1900-1940. Essai d'histoire comparée*, Paris, Le Seuil, 2001.

Chevandier Christian, *Cheminots en grève ou la Construction d'une identité (1848-2001)*, Paris, Maisonneuve et Larose, 2002.

Courban Alexandre, *L'Humanité (avril 1904-août 1939). Histoire sociale, politique et culturelle d'un journal du mouvement ouvrier français*, thèse de doctorat d'histoire, Université de Bourgogne, 2005.

Courtois Stéphane et Lazar Marc, *Histoire du PCF*, Paris, PUF, 1995.

Danos Jacques et Gibelin Marcel, *Juin 36*, Paris, La Découverte, 1986.

Denoyelle Françoise, Cuel François et Vibert-Guigue Jean-Louis, *Le Front populaire des photographes*, Paris, Éditions Terre Bleue, 2006.

Dobry Michel (dir.), *Le Mythe de l'allergie française au fascisme*, Paris, Albin Michel, 2003.

Dreyfus Michel, Groppo Bruno, Ingerflom Claudio, Lew Roland, Pennetier Claude, Pudal Bernard, Wolikow Serge (dir.), *Le Siècle des communismes*, Paris, Les Éditions de l'Atelier, 2000 (réédition, Paris, Le Seuil, coll. « Points Histoire », 2004).

Dupeux Georges, *Le Front populaire et les élections de 1936*, Paris, A. Colin. 1959.
Fauvet Jacques, *Histoire du PCF. De la guerre à la guerre – 1917-1939* (tome I), Paris, Fayard, 1964.
Girault Jacques, *1936. Au-devant du bonheur. Les Français et le Front populaire*, CIDE, 2006.
Gratton Philippe, *Les Luttes de classes dans les campagnes*, Paris, Anthropos, 1971.
Guex Sébastien, « Les origines du secret bancaire suisse et son rôle dans la politique de la Confédération au sortir de la Seconde Guerre mondiale », *Genèses. Sciences sociales et histoire*, vol. 34, 1999, p. 5-9.
Hobsbawm Eric J., *L'Âge des extrêmes. Le court XXe siècle–1914-1991*, Bruxelles, Complexe, 1994.
Hohl Thierry, *À gauche ! La gauche socialiste, 1921-1947*, Dijon, EUD, 2004.
Horn Gerd-Rainer, *European Socialists Respond to Fascism: Ideology, Activism and Contingency in the 1930s*, New York, Oxford University Press, 1996.
Hubscher Ronald et Farcy Jean-Claude (dir.), *La Moisson des autres. Les salariés agricoles aux XIXe-XXe siècles*, Paris, Éditions Créaphis, 1996.
Jackson Julian, *The Popular Front in France: Defending Democracy, 1934-1938*, Cambridge-New York, Cambridge University Press, 1988.
Kechichian Albert, *Les Croix-de-Feu à l'âge des fascismes. Travail, Famille, Patrie*, Paris, Champ Vallon, 2006.
Kergoat Jacques, *La France du Front populaire*, Paris, La Découverte, 1986.
Kestel Laurent, *De la conversion en politique. Genèse et institutionnalisation du Parti populaire français, 1936-1940*, thèse de doctorat, Université Paris-I, 2006.
Kolboom Ingo, *La Revanche des patrons : le patronat face au Front populaire*, Paris, Flammarion, 1986.
Lazar Marc, *Le Communisme, une passion française*, Paris, Perrin, 2002.
Léon Blum chef de gouvernement : 1936-1937, Paris, Colin, 1967 (Actes du colloque FNSP).
Marseille Jacques (dir.), *L'Industrialisation de l'Europe occidentale 1880-1970*, Paris, ADHE, 1998, p. 273-294.
Mazuy Rachel, « Le Rassemblement universel pour la paix (1931-1939) : une organisation de masse ? », *Matériaux pour l'histoire de notre temps*, n° 30, 1993, p. 40-44.
Milza Pierre, *Fascisme français, passé et présent*, Paris, Flammarion, 1987.
Mischi Julian, *Servir la classe ouvrière : sociabilités militantes au PCF*, Rennes, Presses universitaires de Rennes, 2009.
Monier Frédéric, *Le Front populaire*, Paris, La Découverte, 2002.
Morin Gilles et Richard Gilles (dir.), *Les Deux France du Front populaire*, Paris, L'Harmattan, 2008 [cet excellent ouvrage comporte une bibliographie à laquelle je renvoie le lecteur].
Mosse George Lachmann, *De la Grande Guerre au totalitarisme. La brutalisation des sociétés européennes*, Paris, Hachette Littératures, 1999.
Moutet Aimée, *Les Logiques de l'entreprise : la rationalisation dans l'industrie française de l'entre-deux-guerres*, Paris, Éditions de l'EHESS, 1997.
Naquet Emmanuel, *La Ligue des droits de l'homme : une association en politique (1898-1940)*, thèse de doctorat, IEP Paris, 2005.
– « La Ligue des droits de l'homme : us et coutumes d'un "monument constitutif de la République" (Léon Blum) jusqu'à la Seconde Guerre mondiale », *in* Dard Olivier et Sévilla Nathalie (dir.), *Le Phénomène ligueur sous la IIIe République*, Metz, Centre régional universitaire lorrain d'histoire, 2008, p. 39-67.

Noguères Henri, *La Vie quotidienne en France au temps du Front populaire, 1935-1938*, Paris, Hachette, 1977.
Noiriel Gérard, *Les Ouvriers dans la société française, XIX-XXe siècle*, Paris, Le Seuil, 1986.
– *Les Origines républicaines de Vichy*, Paris, Hachette, 1999.
Omnès Catherine, « Qualifications et classifications professionnelles dans la métallurgie parisienne, 1914-1936 », *in* Gayot Gérard et Minard Philippe (dir.), « Les ouvriers qualifiés de l'industrie (XVIe-XXe siècle). Formation, emploi, migrations », *Revue du Nord*, Hors-série n° 15, 2001, p. 307-322.
Ory Pascal, *La Belle Illusion : culture et politique sous le signe du Front populaire, 1935-1938*, Paris, Plon, 1994.
Paxton Robert O., *Le Temps des Chemises vertes. Révoltes paysannes et fascisme rural (1929-1939)*, Paris, Le Seuil, 1996.
Poggioli Morgan, *La CGT du Front populaire à Vichy*, Montreuil, Institut CGT d'histoire sociale, 2007.
Prost Antoine, *Autour du Front populaire : aspects du mouvement social au XXe siècle*, Paris, Le Seuil, 2006.
Racine Nicole, « Le CVIA », *in* Bouvier Jean (dir.), *La France en mouvement 1934-1938*, Paris, Champ Vallon, 1986, p. 298-322.
– « Pacifistes et antifascistes. Le Comité de vigilance des intellectuels antifascistes », *in* Roche Anne et Tarting Christian (dir.), *Des années trente. Groupes et ruptures*, Paris, Éditions du CNRS, 1985, p. 57-68.
Rémond René, *Les Droites en France*, Paris, Aubier-Montaigne, 1982.
Rousselier Nicolas, *Le Parlement de l'éloquence : la souveraineté de la délibération au lendemain de la Grande Guerre*, Paris, Presses de Sciences Po, 1997.
Skoutelsky Rémi, *L'espoir guidait leur pas. Les volontaires français dans les brigades internationales*, Paris, Grasset, 1998.
Soucy Robert, *Fascismes français ? 1933-1939. Mouvements antidémocratiques*, Paris, Autrement, 2004.
Stévenot Frédéric, « "Debout les damnés de la terre". Les grèves agricoles dans l'Aisne 1936-1937 », *Mémoires de la Fédération des sociétés d'histoire de l'Aisne*, t. XXVI, 1991, p. 145-168.
Tartakowsky Danielle, *Le Front populaire : la vie est à nous*, Paris, Gallimard, 1996.
– *Les Manifestations de rue en France 1918-1968*, Paris, Publications de la Sorbonne, 1997.
Thomas Jean-Paul, *Droite et rassemblement du PSF au RPF. Hommes, réseaux, cultures ; ruptures et continuité d'une histoire politique, 1936-1953*, thèse de doctorat, IEP Paris, 2002.
Vergnon Gilles, *L'Antifascisme en France de Mussolini à Le Pen*, Rennes, Presses universitaires de Rennes, 2009.
Vigna Xavier, Vigreux Jean et Wolikow Serge (dir.), *Le Pain, la paix, la liberté. Expériences et territoires du Front populaire*, Paris, La Dispute-Éditions Sociales, 2006.
Wahl Alfred, « Les députés SFIO de 1924 à 1940 : essai de sociologie », *Le Mouvement social*, n° 106, 1979, p. 25-44.
Wolikow Serge, *Le Front populaire en France*, Bruxelles, Complexe, 1996.
– *L'Internationale communiste (1919-1943). Le Komintern ou le rêve déchu du parti mondial de la révolution*, Paris, Les Éditions de l'Atelier, 2010.
Zancarini-Fournel Michelle, « Collective Agreements in France in the 1930s », *in* Whiteside Noel et Salais Robert (éds.), *Governance, Industry and Labour Markets in Britain and France*, Londres, Routledge, 1998, p. 183-184.

TABLE DES MATIÈRES

Cet ouvrage a été mis en pages par JOUVE
1, rue du Docteur-Sauvé – 53101 Mayenne

Imprimé en France
par la Nouvelle Imprimerie Laballery
rue Louis Blériot 58500 Clamecy
mai 2017 - N° 704387

La Nouvelle Imprimerie Laballery est titulaire de la marque Imprim'Vert®